RELATÓRIO SOBRE A FÉ
Vittorio Messori conversa com o
cardeal Joseph Ratzinger

Joseph Ratzinger - Vittorio Messori

RELATÓRIO SOBRE A FÉ
Vittorio Messori conversa com o
cardeal Joseph Ratzinger

Reedição com tradução revista de:
A fé em crise?
O Cardeal Ratzinger se interroga

Tradução e Prefácio:
Dom Fernando José Monteiro Guimarães, C.Ss.R

Apresentação e Revisão técnica:
Rudy Albino de Assunção

Título original: Rapporto sulla fede. Vittorio Messori a colloquio con il cardinale Joseph Ratzinger.
Publicado originalmente por Edizioni San Paolo.

Copyright© Società San Paolo, Cinisello Balsamo (Milão), 1985.

Editora Escola Ratzinger
Editor: Rudy Albino de Assunção
Diagramação e capa: Renata Silva de Assunção
Revisão: Rudy Albino de Assunção

Conselho Editorial:
Carlos Eduardo Sell
Diogo Chiuso
Gilcemar Hohemberger

Dados internacionais de Catalogação na publicação (CIP)
(Câmara Brasileira do Livro, SP, Brasil)

Messori, Vittorio; Ratzinger, Joseph. Relatório sobre a Fé Vittorio Messori conversa com o cardeal Joseph Ratzinger. Apresentação: Rudy Albino de Assunção. Tradução: Fernando José Guimarães. Tubarão: Editora Escola Ratzinger, 2021, 272 páginas. ISBN: 978-65-996265-0-0

Índices para catálogo sistemático:
1. Igreja Católica, Papado, História da Igreja
2. Concílio Vaticano II
3. Joseph Ratzinger
4. Vittorio Messori

ESCOLA RATZINGER
www.escolaratzinger.com.br

Todos os direitos reservados. Nenhuma parte desta obra pode ser reproduzida ou transmitida por qualquer forma e/ou quaisquer meios (eletrônicos ou mecânicos, incluindo fotocópia e gravação) ou arquivada em qualquer sistema ou bancos de dados sem permissão escrita da Editora ou do Autor.

SUMÁRIO

APRESENTAÇÃO 9
PREFÁCIO 31
Capítulo I
Um encontro incomum **41**
Paixão e razão 43
Férias de Cardeal 45
Direita/esquerda; otimismo/pessimismo 46
O muito e o muito pouco 49
Um teólogo e um pastor 51
A sombra do Santo Ofício 54
Um serviço incompreendido? 56
«A heresia ainda existe» 59
Capítulo II
Um concílio a ser redescoberto **63**
Dois erros contrapostos 65
«Redescubramos o verdadeiro Vaticano II» 67
Uma receita contra o anacronismo 69
Espírito e antiespírito 72
«Não ruptura, mas continuidade» 73
Restauração? 75
Efeitos imprevistos 77
A esperança dos "movimentos" 80
Capítulo III
Nas raízes da crise: a ideia de Igreja **85**

A fachada e o mistério 87
«Não é nossa, é Sua» 90
Para uma reforma verdadeira 91
Capítulo IV
Entre Padres e Bispos 97
Sacerdote, um homem inquieto 99
O problema das Conferências Episcopais 103
«Reencontrar a coragem pessoal» 105
"Mestres da fé" 109
Roma, apesar de tudo 111
Capítulo V
Sinais de perigo 115
«Uma teologia individualista» 117
«Uma catequese fragmentada» 118
«Quebrado o liame entre Igreja e Escritura» 119
«O Filho reduzido, o Pai esquecido» 123
«Dar lugar novamente ao pecado original» 125
Capítulo VI
O drama da moral 129
Do liberalismo ao permissivismo 131
Uma série de fraturas 132
«Distantes da sociedade ou distantes do
Magistério?» 134
Buscando pontos firmes 137
Capítulo VII
As mulheres, uma mulher 141
Um sacerdócio em questão 143

Contra um sexo "banalizado" 144
Em defesa da natureza 146
Feminismo no convento 149
Um futuro sem freiras? 151
Um remédio: Maria 154
Seis motivos para não esquecê-la 157
Fátima e arredores 160

Capítulo VIII
Uma espiritualidade para hoje 165
A fé e o corpo 167
Diferentes com relação ao "mundo" 168
O desafio das seitas 171

Capítulo IX
Liturgia, entre o antigo e o novo 173
Riquezas a serem salvas 175
A língua, por exemplo... 177
«Pluralismo, mas para todos» 179
Um espaço para o Sagrado 181
Sons e arte para o Eterno 183
Solenidade, não triunfalismo 186
Eucaristia: no coração da fé 188
«Não há somente a missa» 190

Capítulo X
Sobre algumas "Coisas últimas" 193
O Diabo e sua cauda 195
Um discurso sempre atual 198
"Um adeus" suspeito 201

«Biblistas ou sociólogos?» 203
Do purgatório ao limbo 206
Um serviço ao mundo 209
Anjos que não devem ser esquecidos 211
O retorno do Espírito 213
Capítulo XI
Irmãos, porém separados 217
Um cristianismo mais "moderno"? 219
Há quem esteja repensando 223
Uma longa estrada 226
«Mas a Bíblia é católica» 228
Igrejas na tempestade 231
Capítulo XII
Uma certa "libertação" 235
Uma "Instrução" a ser lida 237
A necessidade de redenção 239
Um texto de "teólogo privado" 241
Algumas observações preliminares 242
Entre marxismo e capitalismo 255
O diálogo impossível 257
Capítulo XIII
Para anunciar novamente o Cristo 261
Em defesa da missão 263
Um evangelho para a África 264
"Um só é o Salvador" 269

APRESENTAÇÃO

RAPPORTO SULLA FEDE: QUANDO UM LIVRO VIRA UM ACONTECIMENTO

Este não é um livro comum. Ele é, sem dúvida, em si mesmo, um acontecimento. Juan Arias, jornalista espanhol do *El País*, dizia na época de sua publicação – como tantos outros – que é um «livro duro e pessimista». Poderia ser chamado, segundo ele: «O Manifesto Ratzinger». E acrescentava, sem meias palavras, sobre o tom e o conteúdo das palavras do purpurado alemão nele encontradas: «Como se escrevesse com uma faca»[1].

O então jovem arcebispo de Munique e Frisinga – que sempre escrevia a lápis – foi nomeado para a exigente função de Prefeito da Congregação para a Doutrina da Fé (CDF), em 25 de novembro de 1981, pelo Papa João Paulo II. Quando estava prestes a deixar a Alemanha, já advertia aos seus compatriotas que não esperassem que todas as notícias vindas de Roma seriam boas. Uma verdadeira intuição profética ou simplesmente uma previsão totalmente realista à luz dos desafios que o cargo traria consigo.

---

1   ARIAS, Juan. «El cardenal Ratzinger reafirma su visión crítica de los sectores progresistas de la Iglesia». *El País*, 02 junho 1985.

Um começo difícil

De 1982 a 1985 o purpurado teve que enfrentar temas espinhosos. Apenas para que o leitor entenda o clima com que este livro foi recebido é preciso pormenorizar os fatos que lhe antecederam. Em 1982 Ratzinger recusa o relatório da ARCIC (27 de março), a comissão mista anglicano-católica que tentou buscar pontos doutrinários comuns, mas que acabou apresentando, na visão do purpurado alemão, uma série de afirmações inexatas e inaceitáveis para doutrina católica. Ou seja, Ratzinger aparece logo de início como antiecumênico. Em 1983, dez meses depois da promulgação do novo Código de Direito Canônico, que não continha a mesma condenação explícita da maçonaria presente no Código de 1917 (e que tinha sido confirmada pela própria CDF em 1981, sob a guia do cardeal croata Franjo Šeper), o cardeal Prefeito emite uma *Declaração sobre a Maçonaria* (26 de novembro) reiterando que os seus membros estão em pecado grave e não podem ser admitidos à sagrada comunhão. Para muitos, a irritação da imprensa mundial com Ratzinger teria começado nesse período e por conta desse evento, tendo incidido particularmente na cobertura, no ano seguinte, do caso do então teólogo franciscano Leonardo Boff, notificado por seu livro *Igreja: carisma e poder* e do tratamento dado à Teologia da Libertação de modo geral[2]. Em 1985, a CDF não publica qualquer documento de maior importância (a não ser um breve texto sobre exorcismos),

---

2   RICCI, Tommaso. «Dossiê: As etapas destes dez anos. Ratzinger de 82 a 92». *30 Dias na Igreja e no mundo*, São Paulo, n. 4, abril de 1992, p. 43-44.

mas foi neste mesmo ano que veio à luz o «famigerado» *Rapporto sulla fede*. O Prefeito aceitou o convite do jornalista italiano Vittorio Messori para uma ampla entrevista sobre a situação da Igreja depois de vinte anos da conclusão (1965-1985) do Concílio Vaticano II[3].

Alguns extratos do livro foram publicados na revista *Jesus* em 5 de novembro de 1984, sob o título «Perchè la fede è in crisi»[4], o que ocasionou a primeira onda de protestos. Alguns – talvez menos indispostos – pressupuseram, inclusive, que Messori teria forçado as palavras de Ratzinger, mas o que se revelou foi que o livro refletia com bastante precisão o pensamento do Cardeal Prefeito.

Messori já era conhecido por suas obras apologéticas de ampla divulgação, como *Ipotesi su Gesù*[5] e Ratzinger era uma figura de destaque nos círculos teológicos, mas foi precisamente depois da publicação do *Rapporto sulla fede* que ele se tornou, segundo John Allen Jr., uma «espécie de celebridade»[6]. O livro tornou-se um verdadeiro *best-seller*.

Tommaso Ricci, ao escrever para a revista italiana *30 Giorni*, fez um balanço do primeiro «quinquênio Ratzinger» à frente da CDF, em janeiro de 1987, no qual anotou dados importantíssimos sobre a repercus-

---

[3] GUERRIERO, Elio. *Bento XVI. Servo de Deus e da humanidade*. São Paulo: Quadrante, 2021, p. 366-368.
[4] Ano VI, n. 11, novembro 1984, p. 67-81. No Brasil os mesmos trechos apareceram em: RATZINGER, Joseph. «Eis porque a fé está em crise». *Communio: Revista Internacional Católica de Cultura*, Rio de Janeiro, Ano IV, vol. IV, n. 19, janeiro/fevereiro 1985, p. 5-24.
[5] Ed. bras.: MESSORI, Vittorio. *Hipóteses sobre Jesus*. São Paulo: Paulinas, 1978.
[6] ALLEN JR., John. «Os "reformadores" anônimos da Igreja». *IHU UNISINOS*, 31 agosto 2020.

são do *Rapporto*: «na Itália venderam-se 70.000 cópias e antes de passar o Natal saíra uma reimpressão de mais 20.000. Na França *"Entretiens sur la Foi"*, editado por Fayard, superou de súbito os 100.000 exemplares; a BAC espanhola chegou à décima-terceira reimpressão de *"Informe sobre la Fe"*, também superando abundantemente os 100.000. A propósito da edição espanhola deve-se notar – porque é emblemático de uma atitude – que os Paulinos ibéricos, diversamente dos seus confrades italianos, se recusaram a editar o livro por motivos "ideológicos". Uma escolha a se respeitar, mas certamente errada sob o aspecto propriamente editorial. Mesmo no mundo anglófilo, talvez o mais adverso às opiniões de Ratzinger, trabalhou-se para achar uma editora disposta a imprimi-lo e distribuí-lo. No fim a pequena "Ignatius Press" de São Francisco, dirigida pelo jesuíta Joseph Fessio, se adjudicou o *best--seller*, que de fato está vendendo dezenas de milhares de cópias. Não se devem esquecer a edição brasileira e a alemã, que vão indo muito bem; a germânica circula clandestinamente na Europa comunista. Estão também em curso contatos para traduzir o livro em tagalog para as Filipinas e em coreano. Em conclusão, uma cifra global que supera abundantemente o meio milhão de cópias vendidas legalmente. Deve-se também registrar o *fall-out* causado pelo livro: edições piratas, livros-respostas[7], aumento da correspondência quer na Congregação, quer em casa Messori, inúmeros debates. Um sucesso incalculável. Mesmo assim, se se dá uma olhada às apreciações que saíram em

---

7   Por exemplo: VELASCO, Rufino. *Réplica a Ratzinger, a propósito de su libro «Informe sobre la fe»*. Madrid: Desclée de Brouwer, 1986.

grande quantidade na imprensa católica mundial, se se escutam as opiniões das classes intermediárias da Igreja, o juízo prevalente é de crítica, que oscila entre o moderado e o inflamado»[8].

Uma obra desta envergadura não deixaria de marcar tanto a vida de Ratzinger quando a vida de toda a Igreja, particularmente o Sínodo que viria logo em seguida à sua publicação.

Mudança de estilo da Congregação

Mas precisamos retroceder um pouco. Messori tinha o desejo de «fazer uma entrevista de livro com o então Cardeal Ratzinger». Qual a sua motivação? «O Santo Ofício, batizado com o nome politicamente correto de Congregação para a Doutrina da Fé, era conhecido pelo seu silêncio e discrição. Tanto que os seus arquivos ainda se encontravam fechados à chave e inacessíveis. Quando eu disse que queria entrevistar o Prefeito do antigo Santo Ofício, todos me tomaram por louco. O Cardeal Ratzinger, antigo Arcebispo de Munique, só esteve em Roma durante alguns anos, e eu sabia muito bem que ele estava dizendo coisas importantes, absolutamente corajosas naquela altura,

---

[8] RICCI, Tommaso, «Dossiê/I. E a Congregação voltou». *30 Dias na Igreja e no mundo*, São Paulo, n. 1, janeiro 1987, p. 40. O mesmo jornalista apresentou um segundo dossiê cinco anos depois, recordando a atuação de Ratzinger ano a ano no seu primeiro decênio como Prefeito: «Dossiê: As etapas destes dez anos. Ratzinger de 82 a 92», *op. cit*. Para um breve olhar sobre a origem do livro e sobre as reações a ele, cf. BLANCO SARTO, Pablo. *Bento XVI. O Papa alemão*, vol. I. São Paulo: Molokai, 2019, p. 456-466 e, também, TORNIELLI, Andrea. *Bento XVI. O guardião da fé*. Rio de Janeiro/São Paulo: Record, 2006, p. 111-114.

mas ele estava a dizê-las de uma forma que era um pouco complexa demais. Ele precisava de um divulgador, como um repórter como eu. Por uma série não só das minhas próprias insistências, mas também de coincidências afortunadas, o *Rapporto sulla fede* acabou por nascer. Foi um ensaio de importância histórica, obviamente não por causa das minhas perguntas, mas devido às suas respostas claras, afiadas, não conformistas. No fundo é um manifesto do catolicismo pós-conciliar, o autêntico, não o sectário. De acordo com historiadores, o fim do selvagem pós-Concílio coincide com o lançamento do *Rapporto sulla fede*. Ratzinger é um grande teólogo de verdade, eu sou apenas um divulgador. O seu carisma deve ser respeitado»[9].

15 de agosto de 1984, festa da Assunção de Maria Santíssima ao céu. Falando sobre o ambiente em que se desenrolaram as entrevistas, Messori acrescentava: «Quando embarcamos nesse empreendimento, no ar fresco de verão do seminário de Bressanone, Ratzinger não tinha um plano preciso. Eu, em vez disso, tinha um. Sempre lhe quis bem, sentindo uma harmonia instintiva. Tive, e tenho, grande afeto por ele como pessoa, bem como grande estima como estudioso. Aquele a quem chamavam *Panzer Kardinal*, o grande inquisidor, diziam eles, parecia um Torquemada redivivo. Estando com ele durante três dias e três noites no seminário deserto, compreendi plenamente a sua personalidade e a sua humildade. Lembro-me que às dez horas da noite ele vinha bater no meu quarto para clarificar as coisas. Não há pessoa mais diferente

---

[9] MESSORI, Vittorio. «Vi raconto Papa Benedetto». Intervista di Franceso Anfossi. *Famiglia cristiana*, 11 fevereiro 2016.

da lenda negra que criaram sobre ele. É uma pessoa afetuosa, calorosa e comunicativa, longe de qualquer dogmatismo. Ele disse-me: sabe qual é o meu maior sofrimento? Ter de julgar e talvez pôr os meus colegas teólogos em alerta. Estes são colegas que frequentemente também são amigos e, no entanto, o meu dever é adverti-los contra algumas das suas declarações. O que me propus a fazer foi demolir a lenda negra sobre ele. Ele confiava em mim. E eu, de minha parte, fiz o meu melhor»[10].

Noutra ocasião – o dia posterior ao anúncio da renúncia do Papa Bento XVI –, Messori voltava a recordar aquele tempo, falando de reações violentas à publicação: «Ainda estávamos em plena contestação eclesial [...] e nessa altura não era nada fácil na Igreja chamar-se "Ratzingeriano": circulou sobre ele uma lenda negra, era definido como o "obscuro" prefeito do Santo Ofício, o perseguidor, o *panzerkardinal* e assim por diante. Tive mesmo de me esconder, desaparecer durante mais de um mês, retirei-me para as montanhas porque os padres do diálogo, os padres ecumênicos, os da tolerância, queriam literalmente matar-me: cartas anônimas, telefonemas à noite. A minha culpa não foi apenas por ter dado voz ao *nazikardinal*, mas também por ter-lhe dado razão»[11]. E o que ele diz não é exagero retórico, pois voltou a confirmá-lo várias vezes, até muito recentemente, quando completou 80 anos: «Fui ameaçado de morte após ter publicado o *Rapporto sulla fede* com o então prefeito

---
10   Ibid.
11   Id. «Messori: l"eredità di Benedetto XVI è la fede». Intervista da Riccardo Cascioli. *La Nuova Bussola Quotidiana*, 12 fevereiro 2013.

do antigo Santo Ofício: tive de me esconder num convento de Barnabitas»[12]. Rosanna Brichetti, sua esposa, igualmente apologeta, confirma as palavras do marido (que a partir de então passou a ser conhecido como «reacionário»), recordando o *Rapporto*, «pelo qual Vittorio recebeu até ameaças de morte, telefonemas horríveis à noite feitos por apóstolos do diálogo, de tal forma que foi forçado a refugiar-se durante algum tempo num convento de Barnabitas em Alta Brianza. Não o perdoaram por dar voz ao Grande Restaurador que tinha assinado a instrução contra a teologia da libertação, por lhe permitir afirmar que o marxismo era a vergonha do nosso tempo...»[13]. «Uma confirmação de que o ódio teológico é, talvez, o pior que exista»[14].

Uma mudança na forma de se comunicar com o mundo, inclusive com a imprensa, era algo querido pelo Vaticano II. Tanto que isso foi implantado pelo próprio Ratzinger, o mesmo que durante o Concílio, apoiando o Cardeal de Colônia Josef Frings, expôs as deficiências do Santo Ofício sob a guia do Cardeal Alfredo Ottaviani (um homem de grandes qualidades, sem dúvida). E quem o recordava era o teólogo e cardeal francês Henri de Lubac: «O velho cardeal, já cego, se servia inteiramente dele para a redação das suas intervenções. Uma daquelas intervenções continuará, creio eu, memorável: era uma crítica pacata mas radical dos métodos do Santo Ofício. Apesar de uma

---

12   *Id.* «E adesso scommetto sulla morte perché so in chi ho creduto». Intervista di Stefano Lorenzetto. *Corriere della sera*, 02 março 2021.
13   «Vi racconto mio marito Messori». Intervista di Stefano Lorenzetto. *Il Giornale*, 27 maio 2007.
14   MESSORI, Rosanna Brichetti. *Una fede in due. La mia vita com Messori*. Milano: Edizioni Ares, 2018 (edição *on-line* do Google Books).

réplica do cardeal Ottaviani, Frings confirmou a sua crítica. Não é exagerado dizer que a imagem pública do velho Santo Ofício foi destruída por Ratzinger e pelo seu arcebispo. O cardeal Šeper, um homem cheio de bondade, iniciou a renovação; Ratzinger a continua agora. Seria uma boa coisa ter presente esse fato»[15].

Outro que insiste nesta ideia é o exegeta belga Ignace de la Potterie, jesuíta, que em 1992 afirmava: «Mudou o clima e o estilo de trabalho. Antes do Concílio, o prefeito trabalhava no escondimento mais absoluto e nada se sabia sobre a sua atividade, a não ser quando se condenava um livro ou uma pessoa. Hoje, porém, Ratzinger participa de conferências e debates em todo o mundo»[16]. O próprio Messori, como já acenei acima, tinha a mesma percepção. «[*O Rapporto sulla fede*] Era o projeto sobre a ruptura do silêncio secular, do responsável pelo órgão que, até após o Concílio Vaticano II, tinha levado o nome de "Santo Ofício". Uma novidade histórica, uma série de entrevistas com um repórter, e que haveriam de formar um livro, apresentando um balanço da situação da Igreja, vinte anos depois do Concílio. [...] O secular silêncio do Santo Ofício, seu modo de responder apenas com *licet* ou *non licet*, sem mais explicações ou justificativas, a inacessibilidade dos seus arquivos, o anonimato dos seus funcionários, tudo isso escandalizava a irresponsável loquacidade do homem moderno»[17].

---
15 DE LUBAC, Henri. «Viagem através do Concílio». In: DE LUBAC, Henri; BALTHASAR, Hans Urs von. *Viagem através do Concílio. Viagem ao Pós-Concílio.* Entrevistas com Angelo Scola. Organização de Rudy Albino de Assunção. Campinas: Ecclesiae, 2019, p. 73.
16 POTTERIE, Ignace de la. «Como mudou o Santo Ofício». *30 Dias na Igreja e no mundo*, São Paulo, Ano VI, n. 4, abril 1992, p. 46.
17 MESSORI, Vittorio. *Hipóteses sobre Maria.* Aparecida: Editora

Isso não deixou de causar certa confusão, dado que as declarações pessoais do Prefeito e as declarações formais da Congregação, na percepção de muitos, não estavam claramente distinguidas. Mas Ratzinger nunca deixou de separar o teólogo e o Prefeito, distinguindo o que ele pensava do pronunciamento oficial emitido pelo Dicastério por ele presidido.

É claro que a afinidade doutrinal entre Ratzinger e Wojtyla haveria de se manifestar nos documentos da Congregação (que sempre passam pela aprovação papal), o que está longe de significar que o Prefeito se valesse dos meios institucionais oficiais para impor a sua visão particular de teólogo ao conjunto da Igreja universal.

Restauração?

O livro causou a fúria de bispos franceses... Ensejou um número inteiro da revista *New Blackfriars*, dos dominicanos ingleses... Só para citar algumas das reações[18]. A «blasfêmia» de Ratzinger estava, sobretudo, no uso da palavra *restauração* (considerado quase um turpilóquio). O vaticanista Giancarlo Zizola chegou a afirmar que João Paulo II buscou em Ratzinger um

---

Santuário, 2008, p. 248.
18 No Brasil, a resposta veio em uma iniciativa coletiva, materializada no seguinte opúsculo, escrito por diversos expoentes da teologia da libertação: BEOZZO, José Oscar (org.). *O Vaticano II e a Igreja latino-americana*. São Paulo: Paulinas, 1985. O próprio organizador afirma que o Rapporto «é, no conjunto, pessimista e propõe uma restauração da Igreja» (p. 14), além de que: «Seria desastroso para todos nós se se impusesse uma visão uniforme, que não mais corresponde à realidade...» (p. 15).

eólogo para a restauração»[19] e que o *Rapporto* era o «texto-chave»[20] e a «*charta magna* da restauração»[21].

O cardeal austríaco Franz König, arcebispo emérito de Viena, considerava a palavra demasiado nostálgica, muito voltada para o passado, tanto que imitou Ratzinger e concedeu uma longa entrevista para, de algum modo, contrapor-se a ele[22]. Mas, sem dúvidas, uma das respostas mais violentas veio do próprio ambiente teológico em que Ratzinger se formou, como o foi o caso da apreciação de Hans Küng (e de alguns que lhe acompanharam), que, sem titubear, chamou-o de «Grande Inquisidor» (inspirado no livro de F. Dostoiévski), de «supremo controlador da fé» no periódi-

---

19   ZIZOLA, Giancarlo. *La restaurazione di Papa Wojtyla.* Roma-Bari: Laterza, 1985, p. 91-101 (capítulo nono). O primeiro capítulo, *Vade retro* (p. 3-14) é inteiramente dedicado a uma análise do *Rapporto*, que seria, segundo Zizola, uma «afirmação de um modelo total» (p. 6-7) de catolicismo típico de uma teologia euro-romana, de inspiração germânica e hegeliana – uma «"ideologia alemã" reproduzida em chave eclesiástica» (p. 7), «um programa monocrático» (p. 8) centralizador, oposto ao pluralismo defendido por correntes teológicas contemporâneas, sobretudo a teologia das religiões.   No capítulo nono supracitado, *Un teologo per la restaurazione*, Zizola defende que Ratzinger foi chamado a Roma precisamente para reforçar o projeto messiânico de restauração de matriz polonesa desejado pelo Papa João Paulo II, apoiado pelo partido alemão. Ratzinger, segundo ele, o «*maitre-à-penser* do partido alemão», já na década de 60, em sua obra *Introdução ao Cristianismo*, elaborava uma «plataforma mais rigorosa de um atualizado antimodernismo católico, numa base agostiniana» (p. 96). Assim, a escolha de Ratzinger como Prefeito da CDF ofereceria «dignidade teológica à deslegitimação do Concílio» (p. 98) ensejada pelo papa polonês. O autor evidentemente é mais simpático à linha teológica de Karl Rahner, Hans Küng e da revista *Concilium* e em sua abordagem critica o suposto pessimismo ratzingeriano sem apresentar claramente um quadro eclesial oposto àquele apresentado por Ratzinger no *Rapporto*.
20   *Ibid.*, p. 5.
21   *Ibid.*, p. 9.
22   KÖNIG, Franz. *Chiesa dove vai? Colloquio com il giornalista Gianni Licheri.* Roma: Edizioni Borla, 1985.

co alemão *Die Zeit*. Küng bradava com forte ironia: «a velha Inquisição está morta; viva a nova!»[23].

Para esclarecer seu ponto de vista, Ratzinger escreveu um breve texto para revista *30 Giorni*, no qual explicava o sentido que ele atribuía à palavra «restauração»: «Em primeiro lugar quero simplesmente recordar aquilo que eu disse verdadeiramente: não acontece nenhum retorno ao passado, uma restauração assim como também não é desejável. A Igreja segue em frente, em direção ao cumprimento da história, olha, antes de tudo, o Senhor que vem. Se, porém, o termo "Restauração" é entendido segundo o seu conteúdo semântico, isto é, como recuperação dos valores perdidos no interior de uma nova totalidade, então direi que é exatamente isso que o dever impõe hoje, no segundo período do pós-Concílio. Entretanto, a palavra "Restauração" para nós, homens contemporâneos, é de tal modo determinada linguisticamente, que se torna difícil atribuir-lhe este significado. Na realidade, essa palavra quer dizer, literalmente, a mesma coisa que a palavra "Reforma", termo este que para nós soa de um modo totalmente diferente»[24].

---

23 O artigo do periódico foi reproduzido no texto a partir do qual fiz a citação aqui: KÜNG, Hans. Il Cardinale Ratzinger, Papa Wojtyla e la paura della libertà. Una parola dopo un lungo silenzio. In: KÜNG, Hans; GREINACHER, Norbert. *Contro il tradimento del Concilio. Dove va la Chiesa cattolica?* Torino: Claudiana Editrice, 1987, p. 326. No mesmo volume, identificando as raízes do *Rapporto* já na obra ratzingeriana *Introdução ao Cristianismo*, de 1968: HÄRING, Herman. Una teologia cattolica? J. Ratzinger, o il trauma di «Giovannino fortunato», *op. cit.*, p. 201-213.

24 *Apud* TORNIELLI, Andrea. *Bento XVI. O guardião da fé, op. cit.*, p. 112-113. Artigo original: «Il coraggio di una vera riforma». *30 Giorni nella Chiesa e nel modo*, Roma, n. 11, dezembro 1984, p. 48-49.

Pessimismo?

«Ratzinger estava pessimista de modo inexorável»[25], asseveravam Carl Bernstein e Marco Politi. Esta acusação era a mais frequente, pois poderia ser encontrada em diversos comentadores do livro. Entretanto, avaliar negativamente a postura do cardeal alemão é o mesmo que desmentir a sua análise? De qualquer modo, creio que uma resposta bem posterior de Ratzinger seria instrutiva sobre a pecha de pessimista que lhe foi atribuída. Em uma entrevista para a revista *Time*, em 1993, foi-lhe perguntado se em seu livro não teria sido demasiado pessimista em relação à situação da Igreja. Sua resposta foi taxativa: «"Pessimista" e "otimista" são categorias emotivas sem valor cognoscitivo. Quando analisamos a situação de uma sociedade, não devemos perguntar se devemos fazê-lo de modo otimista ou pessimista. É necessário buscar parâmetros precisos através dos quais conhecer as tendências do desenvolvimento e do "estado de saúde" de uma sociedade. Além disso, a Igreja não vive em um outro mundo, mas é formada de homens que vivem na sociedade atual». Nesse contexto aludia às crises vividas por países da ex-União Soviética, da África, da América e da Ásia, além de algumas transformações na Europa. Para Ratzinger, crescia a ingovernabilidade e a violência ao redor do globo. «Em um mundo assim, a Igreja não pode ser uma ilha tranquila e feliz, e quem acredita nisso simplesmente fecha os

---
25 BERNSTEIN, Carl; POLITI, Marco. *Sua Santidade. João Paulo II e a história oculta de nosso tempo*, 6ª ed. Rio de Janeiro: Objetiva, 1996, p. 431.

olhos diante da realidade. A Igreja participa da crise desta segunda metade do século, que se manifesta na sua vida sobretudo como crise de fé, de vocações e de unidade interna. Todavia, há um novo aspecto importante: há trinta anos, muita gente imaginava que a religião acabaria e que teria início uma era completamente profana; mas hoje nota-se em toda a parte um novo impulso religioso, uma abertura à religião. Por outro lado, geralmente a resposta a esse impulso não é procurado nas Igrejas, mas sobretudo nas novas formações comunitárias, que buscam as suas formas e conteúdos em várias fontes. Apesar disso, seria um erro afirmar que a Igreja católica está fora desse renascimento religioso (não tenho informações suficientes para falar de outras Igrejas cristãs). Os chamados movimentos são só um modo pelo qual a Igreja se faz portadora de um novo despertar religioso. Em linhas gerais, podemos notar que as novas gerações não precisam mais entrar em discussão com um passado de fé, como fez e continua a fazer com violência a geração dos rebeldes religiosos de pós-Concílio. As novas gerações não precisam rejeitar o passado porque é um passado que não lhes diz respeito. Pelo contrário, acharam que essa forma de autocontradição é estranha e indigna de ser imitada. Precisamos de uma fé inteira, alegre e vivida com convicção nas formas de vida moderna, mas que esteja na raiz de um encontro com o Deus vivo»[26].

---

26 RATZINGER, Joseph. *Ser cristão na era neopagã*, vol. III, Entrevistas (1986-2003), Organização de Rudy Albino de Assunção. Campinas: Ecclesiae, 2016, p. 92-93.

Um livro e um Sínodo

Já vimos o que veio antes do livro. Agora precisamos olhar para o que veio depois: o Sínodo Extraordinário sobre os vinte anos de conclusão do Concílio Vaticano II (25 de novembro a 8 de dezembro de 1985). João Paulo II o convocou para avaliar a caminhada pós-Vaticano II e orientar a vida da Igreja a partir dali. Muitos setores da Igreja, sobretudo na América Latina, temiam os resultados do Sínodo. O *Rapporto*, é verdade, aumentou a exasperação nestes ambientes[27]. Tanto que o cardeal belga Godfried Danneels, relator-geral do evento, no primeiro dia do Sínodo, em uma conferência de imprensa chegou a dizer: «Não é um Sínodo sobre um livro, mas sobre um Concílio»[28].

Os menos simpáticos a João Paulo II começaram a perceber que o cardeal Ratzinger era, de fato, «o ins-

---

27 Na América Latina ainda encontramos apreciações sobre o sentido geral da obra: «Ratzinger não critica o Concílio, mas o antiespírito do Concílio que se infiltrou na Igreja, fruto da investida da modernidade e da revolução cultural, especialmente no Ocidente. Não defende uma volta atrás mas uma restauração eclesial, uma volta aos autênticos textos conciliares, a fim de procurar um novo equilíbrio e restaurar a unidade e a integridade da vida da Igreja e de sua relação com Cristo. Não se sente muito inclinado a ressaltar a historicidade da Igreja, nem os sinais dos tempos, nem o conceito do Povo de Deus, nem para apoiar as conferências episcopais, ao que lhe parece, asfixiam o papel do bispo local. Acredita que os últimos vinte anos desde o Concílio têm sido desfavoráveis para a Igreja e contrários às expectativas de João XXIII. Nem a teologia libertadora da América Latina, nem as religiões não-cristãs, nem o movimento feminista desfrutam da sua simpatia. O tom do diálogo é bastante pessimista e sombrio, enquanto que, para ele, um raio brilhante de esperança é proporcionado pelo os novos movimentos leigos e carismáticos» (CODINA, Victor. «El Vaticano II en medio del conflicto de interpretaciones». *Pistis&Praxis*, Curitiba, v. 4, n. 2, julho-dezembro 2012, p. 503-515).

28 *Apud.* BLANCO SARTO, Pablo. *Bento XVI. O Papa alemão, op. cit.*, p. 463.

pirador teológico do Papa polonês»[29]. Cronistas mais críticos ao pontificado wojtyliano chegaram a afirmar: «João Paulo II disse a um jornalista que o livro de Ratzinger simplesmente expressava a opinião do cardeal. Porém isso era uma dissimulação: o Papa lera o original previamente e o aprovara de forma intensa. Seu secretário, Dziwisz, tinha cumprimentado Messori»[30].

Mais do que isso, para alguns historiadores, como Massimo Faggioli, crítico de sua atuação, admitem que ele foi «um poderoso intérprete do Vaticano II e não um mero executor das políticas de João Paulo II, no campo doutrinal»[31]. Para ele, o livro, publicado antes do Sínodo de 1985, visava exercer pressão tanto sobre bispos quanto sobre a opinião pública para orientar a abordagem de reinterpretação do Vaticano II e ainda atribuir a culpa da crise pós-conciliar ao próprio Concílio[32].

Na verdade, o livro era a expressão de uma visão global dos efeitos de uma má aplicação das intuições e das decisões conciliares, contra um espírito desencarnado das letras dos documentos da grande assembleia. O foco era o *pós-Concílio*.

John Allen Jr. mostrou que as disputas em torno do Vaticano II acabaram se delineando a partir da atuação e das falas de Ratzinger. «Com suas opiniões fortemente conservadoras sobre o estado da Igreja

---
29 ARIAS, Juan. «El cardenal Ratzinger reafirma su visión crítica de los sectores progresistas de la Iglesia», *op. cit.*
30 BERNSTEIN, Carl; POLITI, Marco. *Sua Santidade. op. cit.*, p. 433.
31 FAGGIOLI, Massimo; A luta pelo sentido. São Paulo: Paulinas, 2013, p. 30.
32 *Ibid.*, p. 36.

pós-Vaticano II, a linha divisória no debate católico nas duas décadas seguintes passou a ser se a pessoa estava positiva ou negativamente inclinada em relação a Ratzinger»[33]. Ou seja, ser a favor de Ratzinger, para muitos, era ser contra o Vaticano II, o mesmo evento no qual o teólogo alemão logrou grande e atestado protagonismo!

O Sínodo, por seu caráter colegial, não repetiu ou refletiu o pensamento individual de Ratzinger, o que não poderia ser diferente. Teve um tom mais «pastoral», mais prospectivo. Afinal, um documento sinodal aponta direções para a ação pastoral/evangelizadora da Igreja, ao contrário de documentos prévios (como o *Instrumentum laboris*) que contêm uma descrição dos problemas que devem ser enfrentados pelo próprio Sínodo.

Nesse Sínodo consolidou-se, em termos de magistério, uma eclesiologia de comunhão como aquela que reflete mais apropriadamente a autocompreensão da Igreja do Vaticano II, sem perder o elemento comunitário ao lado do sacramental e mistérico. Muitos acusaram o cardeal Ratzinger e o próprio João Paulo II de tentar obscurecer a eclesiologia do «Povo de Deus»[34] com esta em torno do conceito de comunhão – e de corpo de Cristo – mas o que de fato se percebe é que com isso se voltou a intenção dos Padres conciliares, evitando ao mesmo tempo toda sociologização excessiva da eclesiologia da época.

Para muitos foi neste início da década de 80

---

33   ALLEN JR., John. «Os "reformadores" anônimos da Igreja», *op. cit.*
34   COMBLIN, José. *O povo de Deus*. São Paulo: Paulus, 2002.

que começou o período de «involução eclesial (revista *Concilium*), de restauração (GC Zizola), de inverno na igreja eclesial (Rahner), de volta à grande disciplina (J.B. Libanio), noite escura (J. I. Gonzalez Faus)»[35]. O Sínodo representava, para analistas sociais da época, «a passagem de uma primeira a uma segunda recepção o Vaticano II. Num primeiro tempo havia prevalecido a evidência de sua novidade, seja para lamentar ou para se regozijar. O sínodo de 85 marca o fim desta evidência»[36].

Para outros, a Igreja estava nos trilhos certos. Era chegada a hora de acabar o pós-concílio em certa medida anárquico, recentrando-se no verdadeiro Concílio, na intuição original dos Padres conciliares.

Uma atualidade incômoda

Quando lemos novamente o *Rapporto*, vemos que as intuições e as críticas de Ratzinger não perderam sua força. Muito do que ele desenhava à época ainda está entre nós. Tanto o pontificado de João Paulo II quanto o de Bento XVI, visavam resgatar a herança do Vaticano II e tirar a Igreja das múltiplas crises surgidas nos últimos decênios. Por isso, sugiro que este livro seja acompanhado pela leitura do discurso de Bento XVI à Cúria Romana em 22 de dezembro de 2005, no qual o pontífice alemão, no primeiro ano

---
35 CODINA, Victor. El Vaticano II en medio del conflicto de interpretaciones, *op. cit.*, p. 509.
36 LADRIÈRE, Paul. Note sur le Synode extraordinaire (Rome, 25 novembre-8 décembre 1985). In: LADRIÈRE, Paul; LUNEAU, René (dir.). *Le retour des certitudes. Evénements et orthodoxie depuis Vatican II*. Paris: Éditions du Centurion, 1987, p. 300.

do seu ministério petrino, descreve mais claramente as hermenêuticas pós-conciliares que já se esboçavam nas suas reflexões da década de 80. Sem esquecer, é claro, dos dois volumes de suas *Obras Completas* dedicados ao ensinamento do Concílio[37]. Além disso, ele tem diversas outras entrevistas e artigos nos quais apresenta uma avaliação muito semelhante a esta do *Rapporto*, como panoramas da situação eclesial nos anos 90, na aurora do novo milênio[38]. Além disso, esta obra abriu as portas para outras quatro, de igual natureza, nas quais Ratzinger-Bento XVI, em diálogo com o seu compatriota Peter Seewald, expôs sua arguta análise da situação do mundo e da Igreja: *O sal da terra* (1997), *Deus e o mundo* (2000), *Luz do mundo* (2010) e *Últimas conversas* (2016)[39].

---

37 RATZINGER, Joseph. *Obras Completas VII/1. Sobre la enseñanza del concilio Vaticano II*. Madrid: BAC, 2012; Id. *Obras Completas VII/2. Sobre la enseñanza del concilio Vaticano II*. Madrid: BAC, 2014.

38 Só para citar alguns ainda muito acessíveis entre nós: RATZINGER, Joseph. *Ser cristão na era neopagã*, vol. III, Entrevistas (1986-2003), *op. cit.*, particularmente p. 15-32 («Com o Prefeito da Fé em altos voos») e p.113-128 («Um olhar sobre a fé dos anos noventa»), além de Id. *Fé, verdade e tolerância. O cristianismo e as grandes religiões do mundo*. São Paulo: Instituto Brasileiro de Filosofia e Ciência Raimundo Lúlio, 2007, p. 109-128 («As novas problemáticas surgidas nos anos 1990 – Sobre a situação da fé e da teologia hoje»). Ilustrativo, por fim, é o prefácio do ano 2000 à obra *Introdução ao cristianismo. Preleções sobre o Símbolo Apostólico*. Com um novo ensaio introdutório. São Paulo: Loyola, 2005, p. 11-23.

39 Edições em língua portuguesa: antes do pontificado, *O sal da terra: o Cristianismo e a Igreja Católica no limiar do terceiro milênio*. Rio de Janeiro: Imago, 1997; Lisboa: Multinova, 1997; Coimbra: Tenacitas. 2007. Em seguida, *Deus e o mundo: a fé cristã explicada por Bento XVI: uma entrevista com Peter Seewald*. Coimbra: Tenacitas, 2006 e São Paulo: Molokai, 2020. Durante o pontificado: *Luz do Mundo. O Papa, a Igreja e os Sinais dos Tempos. Uma conversa com Peter Seewald*. Cascais: Lucerna, 2010 e São Paulo: Paulinas, 2011. Posterior ao pontificado: *Bento XVI: Conversas finais com Peter Seewald*. Alfragide: Ed. Dom Quixote, 2016, publicado em nosso país com um título mais semelhante ao da edição em inglês, *Último Testamento. Uma conversa com Peter Seewald*. São Paulo: Planeta, 2017. Estas obras e outras entrevistas menores aparecerem nos

O quadro pintado nesta obra é, em grande medida, complexo e, no mínimo, doloroso para um católico consciente e engajado. A palavra crise aparece nela muitas vezes. Tanto que a primeira edição brasileira, de 1985, da Editora Pedagógica e Universitária (EPU, ex-Herder) se valeu de um título mais provocativo e, sem dúvida, válido: *A fé em crise? O Cardeal Ratzinger se interroga*. Nesta nova edição optamos por uma maior fidelidade ao título original, pois chamá-lo «Relatório sobre a fé» nos parece mais documental, mais concorde com a intenção dos autores: ser uma análise comprometida com o objeto, mas não necessariamente apaixonada e cegante, mais como um diagnóstico do que como um manifesto ou panfleto. Ainda que, não nos esqueçamos, é difícil a total objetividade/neutralidade quando se fala da própria mãe – neste caso, a Igreja. Mas, ainda assim, permanece a pergunta como interpelação e como incômodo: a fé dos católicos está em crise? Quais são as causas e os remédios desta crise?

A obra tem treze capítulos (um mais pessoal e doze propriamente crítico-analíticos), nos quais trata dos grandes temas: a interpretação do Vaticano II na corrente da tradição eclesial, a eclesiologia, a vida sacerdotal, os bispos e as conferências episcopais, a catequese, a moral, o papel da mulher, a espiritualidade, a liturgia, o demônio e a escatologia, o ecumenismo, a teologia da libertação e a evangelização.

---

três tomos do vol. 13 dos *Joseph Ratzinger Gesammelte Schriften* (JRGS): *Gesammelte Schriften. Im Gespräch mit der Zeit. Interviews – Stellungnahmen – Einsprüche*, Band 13/1. Freiburg: Herder, 2016; *Gesammelte Schriften. Im Gespräch mit der Zeit. Interviews – Stellungnahmen – Einsprüche*, Band 13/2. Freiburg: Herder, 2016; *Gesammelte Schriften. Im Gespräch mit der Zeit. Interviews – Stellungnahmen – Einsprüche*, Band 13/3. Freiburg: Herder, 2017.

E já que falei de quadro, de pintura, quero oferecer uma pista ao leitor. Ratzinger fala de restauração e faz a palavra equivaler a reforma. Como um teólogo que foi tocado, «ferido» pela beleza, ele usa analogias artísticas para falar da reforma eclesial. E não foi diferente ao tratar da liturgia. No texto de abertura do seu mais famoso livro na área, *Introdução ao Espírito da liturgia*, ele diz que o culto divino, no início do séc. XX, era como um afresco intacto, mas encoberto por sucessivos rebocos. O movimento litúrgico e o Vaticano II resgataram a «beleza das suas cores e das suas imagens»[40]. O perigo está que, depois dele, vieram excessivos restauros e reconstruções, colocando a obra de arte original em perigo. Aqui a lógica, no fim das contas, é a mesma. Em nome da reforma não se pode destruir ou desfigurar o original. Neste livro a obra é o próprio Vaticano II ou, acima dele, a própria Igreja Católica.

Volto brevemente a Messori e a uma última recordação sua do encontro que ele teve com o cardeal bávaro para as gravações que originaram o precioso livro que agora o leitor tem em mãos em uma nova edição. A memória de Messori nos dá uma lição sobre o espírito com que devemos ler este texto, mesmo mais de três décadas depois de sua gênese: «Ainda me lembro de um episódio daquele distante 1985 [sic, 1984] que me impressionou particularmente: depois de três dias inteiros de conversa em vista do *"Rapporto sulla fede"*, antes de me despedir disse-lhe: "Eminência, com tudo o que me contou sobre a situação na Igreja (repito,

---

40 RATZINGER, Joseph. *Introdução ao Espírito da liturgia*. São Paulo: Loyola, 2013, p. 8.

eram ainda anos de contestação) permita-me uma pergunta: mas consegue dormir bem à noite?". Ele, com aquele rosto de eterno rapaz, e com os olhos bem abertos, respondeu: "Durmo muito bem, porque sei que a Igreja não é nossa, é de Cristo, somos apenas servos inúteis: à noite faço um exame de consciência; se constato que durante o dia fiz tudo o que pude com boa vontade, durmo tranquilamente". Aqui, Ratzinger deixou absolutamente claro que não somos chamados a salvar a Igreja, mas sim a servi-la, e se já não a pudermos servir de outra forma, ajoelhamo-nos e rezamos. A salvação é uma questão de Cristo»[41].

Dr. Rudy Albino de Assunção

Na memória de
Santa Margarida Maria Alacoque

2021

---

[41] MESSORI, Vittorio. «Messori: l"eredità di Benedetto XVI è la fede», *op. cit.*

PREFÁCIO

Em 1984/5, na Itália, as *Edizioni San Paolo* publicavam o volume *Rapporto sulla Fede*. *Vittorio Messori a colloquio con il cardinale Joseph Ratzinger* (Relatório sobre a Fé. Vittorio Messori conversa com o cardeal Joseph Ratzinger). Tratava-se de um colóquio a coração aberto de conhecido jornalista italiano com o então Prefeito da Congregação para a Doutrina da Fé, nomeado pelo Papa São João Paulo II em 1981 para aquele importante cargo, encarregado da preservação da doutrina católica. O Cardeal Ratzinger apresentava suas reflexões acerca da fé diante das perspectivas da época, com severo realismo, mas formulando também perspectivas teológico-pastorais para o futuro da Igreja.

No Rio de Janeiro, o Cardeal Dom Eugênio de Araújo Sales logo percebeu a importância daquele livro para uma orientação segura dos católicos em tempos conturbados e tudo fez para fazê-lo publicar no Brasil. Na ocasião, jovem padre, eu exercia a função de secretária da Comissão Arquidiocesana para a Doutrina da Fé e me ofereci para fazer a tradução diretamente do original italiano. Em alguns pontos mais complexos, pude receber do próprio Cardeal Ratzinger esclarecimentos destinados a garantir, na expressão de nossa língua brasileira, a fidelidade a mais perfeita possível ao seu pensamento original.

Pronta a tradução e após várias tentativas junto a editoras católicas, a Arquidiocese do Rio encontrou apoio na antiga Editora Herder, já transformada na EPU (Editora Pedagógica e Universitária), sediada em São Paulo, e que aceitou publicar o volume, sem qualquer acréscimo. Cedi os direitos de tradução e o livro foi publicado em 1985, com o título *A fé em crise? O Cardeal Ratzinger se interroga*.

Apesar dos escassos limites de distribuição editorial, o volume obteve grande repercussão, provocando debates no nosso âmbito teológico-eclesial, recebendo elogios por parte de muitos e críticas por parte de outros.

Quase quatro décadas depois, sou surpreendido pela notícia de que uma jovem editora, *Escola Ratzinger*, de Tubarão, no Estado de Santa Catarina, deseja republicar a obra.

Apesar do tempo decorrido e de algumas mudanças no contexto geral, a análise provocativa do Cardeal Ratzinger conserva, a meu ver, toda a sua atualidade e vigor. Acrescidos ainda pela ulterior história do Autor, elevado à Sé Romana como Vigário de Jesus Cristo e Sucessor do Apóstolo Pedro. Em continuidade com seu pensamento de teólogo, o Papa Bento XVI caracterizou o seu pontificado por uma extensa atividade magisterial, no exercício ordinário do ministério petrino. Este patrimônio constitui hoje, indelével e necessariamente, um obrigatório ponto de referência para a integridade da doutrina católica, também quanto à fidelidade ao Depósito da Fé recebido dos Apóstolos.

Ao oferecer novamente ao público a minha tradução, desejo que ela seja a expressão de minha mais profunda admiração pelo grande homem de Igreja que é Joseph Ratzinger-Bento XVI, com quem tive o privilégio de poder trabalhar no Vaticano e de quem recebi a graça do meu episcopado.

A conhecida expressão de Santo Anselmo: *«Fides quaerens intellectum»* (a fé em busca de compreensão) lança-nos na grande aventura. A fé que busca, na racionalidade humana, uma sempre melhor compreensão de si mesma. A razão humana, que na sua sede nunca saciada pela Verdade, procura nas razões da fé, a sua própria razão mais profunda.

Nos tempos complexos em que vivemos, formulo votos de que antigos e novos leitores desta obra possam mergulhar no mistério insondável de um Deus que se revela em Jesus Cristo, cabeça e única razão do ser e do agir da Igreja.

Boa leitura!

Brasília (DF), 13 de setembro de 2021, memória de São João Crisóstomo, Bispo e Doutor do Igreja.

Dom Fernando Guimarães
Arcebispo Ordinário Militar do Brasil.

AQUELE PRIMEIRO ENCONTRO EM 1984, EM BRESSANONE: RATZINGER VISTO POR MESSORI[1]

Os meus colegas pedem-me que reconte pelo menos o início de um encontro, que durou mais de 25 anos, com o homem cuja renúncia ao ministério comoveu um bilhão de católicos e chocou o mundo inteiro. E aconselham-me a não hesitar em seguir "uma linha pessoal". Estou feliz por fazê-lo, mas com um toque de melancolia: com o inesperado fim do pontificado de Bento XVI, a parte central e mais empenhada da minha carreira profissional também chega ao fim (pelo pouco que vale).

Sinto-me um pouco desconfortável por me permitir ser autobiográfico, mas não estou apenas aderindo ao desejo do jornal: lamento também porque esta pequena história também está interligada com os acontecimentos do Grupo que publica este semanário. Aconteceu de fato que, no final de 1978, deixei uma cidade e um jornal que amava (Turim e *La Stampa*), aceitando o convite do inesquecível Padre Zilli para criar o mensário religioso de *Famiglia Cristiana*, dando-lhe o nome mais empenhador. Nada menos que *Jesus*: à maneira latina, não à maneira inglesa, pois, para minha desilusão, já a ouvi muitas vezes pronunciar-se... A convocação para Milão deveu-se ao sucesso singular e inesperado do meu primeiro livro, *Ipotesi su Gesù (Hipóteses sobre Jesus)*, que tinha chamado a atenção para o que eu tinha sido até então e que não

---
1 Vittorio Messori, "Quel primo encontro nel 1984, a Bressanone: Ratzinger visto da Messori". *Famiglia Cristiana*, 20 giugno 2020.

me importava nada: um simples, tranquilo redator do suplemento cultural do jornal da Casa Agnelli.

A equipe editorial inicial da nova revista mensal foi reduzida ao extremo: um diretor, Padre Antonio Tarzia, eu mesmo e uma jovem e talentosa secretária, Maura Ferrari. Com Padre Totò, como nós amigos sempre o chamamos, decidimos que o destaque de cada edição seria uma longa e profunda entrevista com os principais protagonistas do pensamento – cristãos, de outras religiões, agnósticos ou ateus – intitulada *Dialoghi su Gesù*. Anos mais tarde, nasceu um livro, que ainda está no catálogo de Oscar Mondadori, *Inchiesta sul cristianesimo*. Todos os meses acrescentava o retrato de uma pessoa respeitável à minha coleção mas, a partir de uma certa data, comecei a acalentar um sonho: já que toda a minha pesquisa era sobre a fé, porque não questionar aquele que – na Igreja Católica – era o guardião da ortodoxia? Paulo VI tinha renovado profundamente o que tinha sido o Santo Ofício. Para suceder à temida instituição, foi criada uma nova Congregação, chamada "Doutrina da Fé". João Paulo II chamou então o Arcebispo de Munique, Joseph Ratzinger, um antigo professor universitário de teologia, para o dirigi-la.

Dele tinha lido *Introduzione al Cristianesimo*, que apreciei, tal como apreciei as declarações e documentos que ele começou a produzir no seu novo serviço romano. Fui pego por uma espécie de pensamento fixo: este cardeal bávaro era o homem de que eu precisava para completar a minha série de testemunhas da fé de uma grande forma! Os poucos aos quais mencionei me olhavam com um sorriso irônico; algumas aconselharam-me, de forma um pouco zombeteira, a descansar, pois era evidente que eu estava começando a delirar. Mas, em suma, eu me dei conta de que, apesar da mudança de nome, aquela era ainda a herdeira direta do Santo Ofício dos Inquisidores, a única Congregação da Igreja cujos arquivos ainda estavam estritamente selados, a instituição que tinha feito do sigilo e do silêncio a sua essência? Sim, eu percebi. No entanto... No entanto, aconteceu que na véspera de agosto de 1984 eu estava caminhando diante da porta principal do grande seminário de Bressanone, à espera de Sua Eminência o Cardeal Joseph Ratzinger, que me tinha dado um encontro não por um par de horas, mas por três dias.

O projeto não era uma breve entrevista para um jornal, mas uma conversa abrangente que se tornaria um livro: a editora, claro, era *San Paolo*, também porque (reconheço-o com prazer e gratidão) o diretor Padre Totò tinha estado entre os poucos que não me tinham considerado delirante, e que tinham mesmo trabalhado arduamente para atingir o objetivo que parecia utópico. Assim, percorri a pequena praça em Brixen-Bressanone esperando alguma limusine preta com placas de matrícula SCV[2]. Em vez disso, chegou um Volkswagen com placas de Regensburg, conduzido por um cavalheiro com um ar bondoso (soube mais tarde que era o seu irmão), e saiu um padre num modesto *clergyman* de pároco, com um rosto de rapaz que contrastava curiosamente com a coroa do seu já cabelo todo branco. Mas sim: era «ele».

Três dias depois, eu sairia por aquela porta, no meu

---
2   Stato della Città del Vaticano.

saco de viagem, com cerca de vinte horas de gravações que iriam agitar toda a Igreja e que ainda hoje são reimpressas em muitas línguas sob o título de *Rapporto sulla fede [Relatório sobre a fé]*. Este foi o início de um encontro que, embora obviamente descontínuo, iria continuar com o tempo, com encontros (até um bastante recente[3]) que me permitiram aprofundar o meu conhecimento sobre o homem. O qual me pareceu imediatamente o oposto da "lenda negra" criada sobre ele. Em vez de um temível Grande Inquisidor, encontrei uma das pessoas mais corteses, mansas e até tímidas que já tinha conhecido. Com respeito e pesar, em vez de um ideólogo fanático encontrei um homem pronto a ouvir, a compreender, a interpretar os pensamentos do seu interlocutor o melhor que podia, firme no essencial, mas flexível no acessório.

Em vez de um padre tétrico e sisudo, encontrei uma pessoa com um agradável senso de humor, pronta a sorrir e a responder com delicadeza a uma piada. Em vez de um homem entrincheirado no passado, encontrei uma pessoa curiosa e informada não só sobre o progresso dos estudos teológicos e filosóficos, mas também sobre o que era importante no mundo. Em vez do cardeal que tinha escalado até a púrpura, encontrei um padre que ficou surpreendido com o que lhe tinha acontecido, que tinha aceito altas nomeações apenas por amor à Igreja e que falava com um pouco de pesar sobre os seus estudos interrompidos e projetos editoriais que tinham sido adiados indefinidamente. Não era fácil, no clima eclesial da épo-

---

3 09 de setembro de 2005: Vittorio Messori, "Uma mattina nell'eremo del Papa emerito". *La Nuova Bussola Quotidiana*, 16 setembro 2015 (N. E.).

ca, transmitir esta imagem, a verdadeira imagem, do presumível herdeiro dos inquisidores, que era, além disso, alemão e tinha mesmo aderido à *Hitlerjugend*[4] (obrigado, como todos os seus contemporâneos). Talvez só depois da sua eleição para o papado é que a Igreja e o mundo descobriram gradualmente quem era verdadeiramente o autêntico Ratzinger. Muitos, muitíssimos, ao descobrirem-no, amaram-no. E agora, respeitam a sua escolha, mas lamentam a perspectiva de não o verem e ouvirem de novo – amigavelmente, não ameaçadoramente – as verdades que a Igreja proclama.

Tradução de
Rudy Albino de Assunção

---

[4] Juventude Hitlerista: instituição de caráter paramilitar obrigatória para jovens da Alemanha nazista (N.E).

Capítulo

I

UM ENCONTRO INCOMUM

Paixão e razão

«Um alemão agressivo, de porte bravio, um asceta que brande a cruz como uma espada».

«Um bávaro rubicundo, de aparência cordial, que mora com simplicidade em um pequeno apartamento perto do Vaticano».

«Um *Panzer-Kardinal** que jamais abandonou as vestes pomposas e a cruz peitoral de ouro de príncipe da Santa Igreja Romana».

«Anda sozinho, de paletó e gravata, frequentemente guiando ele mesmo seu pequeno automóvel por Roma: vendo-o, ninguém pensaria que é um dos homens mais importantes do Vaticano».

Poder-se-ia continuar com estas citações contraditórias, tiradas de artigos publicados nos jornais do mundo inteiro. São artigos que comentam alguns excertos (publicados em novembro de 1984 na revista mensal italiana *Jesus* e, a seguir, traduzidos em muitas línguas) do conteúdo da entrevista que nos foi concedida pelo Cardeal Joseph Ratzinger, Prefeito da Sagrada Congregação para a Doutrina da Fé, desde janeiro de 1982. Como é sabido, trata-se da instituição vaticana que, até vinte anos atrás e durante quatro séculos, foi chamada de "Inquisição Romana e Universal" ou "Santo Ofício".

Lendo descrições tão contrastantes do próprio aspecto físico do Cardeal Ratzinger, poderia algum malicioso levantar a suspeita de que também o restante daqueles comentários esteja bem longe daquele ideal de "objetivi-

---

*   Em alemão no original: "Um Cardeal qual-tanque-de-guerra" (N. do T.).

dade da informação" sobre o qual nós jornalistas discutimos bastante em nossas assembleias.

Não nos pronunciamos a respeito, limitamo-nos a recordar que em tudo existe sempre um lado positivo.

Em nosso caso, nesta apresentação de "transfigurações" contraditórias atribuídas ao Prefeito da Fé, pela pena de alguns colegas (não todos, é certo), existe talvez o sinal do interesse apaixonado com que foi acolhida a entrevista com o responsável de uma congregação cuja reserva é lendária e cuja norma suprema era o segredo.

O acontecimento, com efeito, era realmente insólito. Proporcionando-nos alguns dias de conversa, o Cardeal Ratzinger concedeu aquela que é, sem sombra de dúvida, a mais longa e completa de suas raríssimas entrevistas. Além disso, é necessário ponderar que nenhum outro na Igreja — com exceção, é claro, do Papa – teria podido responder as nossas perguntas com maior autoridade. A Congregação para a Doutrina da Fé é o instrumento por meio do qual a Santa Sé promove o aprofundamento da fé e vela pela sua integridade. É, pois, a própria depositária defensora da ortodoxia católica. Não é por acaso que se encontra em primeiro lugar no elenco oficial das congregações da Cúria Romana. Como escreveu Paulo VI, ao dar-lhe a precedência sobre todas na reforma pós-conciliar, «é a congregação que trata das coisas mais importantes».

Dada a singularidade de tal entrevista do Prefeito da Fé e visto também os conteúdos, explícitos e francos até o limite da crueza, é bem compreensível que, em alguns comentaristas, o interesse tenha se transformado em paixão, em necessidade de se situar: *pró* ou *contra*. Uma tomada de posição que atingiu a própria pessoa física do Cardeal Ratzinger, transformada em positiva ou em negativa pelo estado de ânimo do jornalista.

Férias de Cardeal

No que me diz respeito, de Joseph Ratzinger eu conhecia apenas os escritos, mas não me encontrara com ele senão uma só vez, e de passagem. O nosso encontro tinha sido marcado para o dia 15 de agosto de 1984, naquela pequena e ilustre cidade a que os italianos chamam Bressanone e os alemães Brixen: uma das capitais daquela terra que é *Alto Adige* para os primeiros e *Süd Tirol* para os segundos; terra de bispos príncipes, de lutas entre papas e imperadores; terra de encontro — e de choque, hoje como sempre — entre cultura latina e germânica. Um lugar quase simbólico, portanto, ainda que não escolhido de propósito. Por que, então, Bressanone-Brixen?

Há quem talvez pense nos membros do Sacro Colégio, nos cardeais da Santa Igreja Romana, como se fossem ainda príncipes que, no verão, saem de seus luxuosos palácios para veranear em algum lugar de delícias.

Para Sua Eminência Joseph Ratzinger, Cardeal-Prefeito, a realidade é um tanto diferente. Os pouquíssimos dias que consegue arrancar da calorenta Roma, no mês de agosto, ele os passa no vale não tão arejado de Bressano. Ali não vive em uma mansão ou hotel, mas permanece no Seminário, que aluga a preços econômicos alguns quartos: dessa forma a diocese consegue alguma fonte de renda para a manutenção dos estudantes de teologia.

UM ENCONTRO INCOMUM
J. RATZINGER — V. MESSORI

Nos corredores e no refeitório do antigo edifício barroco encontram-se eclesiásticos idosos, atraídos àquele lugar de veraneio pelas despesas módicas; cruzam-se comitivas de peregrinos alemães e austríacos, que aí se detêm na sua viagem rumo ao Sul.

O Cardeal Ratzinger fica ali, come as coisas simples preparadas pelas irmãs tirolesas, sentado à mesma mesa com os padres em veraneio. Sozinho, sem o secretário alemão que o assiste em Roma, com a temporária companhia dos familiares que vêm da vizinha Baviera para encontrá-lo.

Um jovem colaborador seu em Roma falou-nos da intensa dimensão de oração com a qual enfrenta o perigo de transformar-se em Grande Burocrata, no assinante de decretos que não levem em consideração a humanidade das pessoas envolvidas. «Frequentemente — dizia-nos aquele jovem — ele nos reúne na capela do edifício para uma meditação e uma oração em comum. Existe nele uma contínua necessidade de radicar o nosso trabalho cotidiano (muitas vezes ingrato, em contato com a patologia da fé) em um cristianismo vivido como serviço ao povo de Deus».

Direita/esquerda; otimismo/pessimismo

Um homem, portanto, totalmente imerso em uma dimensão religiosa. E é somente colocando-se nessa sua perspectiva que se pode compreender realmente o sentido daquilo que ele diz. Deste ponto de vista, não têm mais sentido aqueles esquemas (*conservador/progressista; direita/esquerda*) que provêm de uma dimensão bem diversa, a das ideologias políticas, e, portanto, não são aplicáveis à visão religiosa, que, para dizer com Pascal, «é de uma outra ordem, que supera, em profundidade e em altura, todas as demais».

Seria igualmente desacertado aplicar-lhe um outro esquema grosseiro (*otimista/pessimista*): quanto mais o homem de fé faz seu o acontecimento que funda o otimismo por excelência — a Ressurreição de Cristo — tanto mais pode permitir-se o realismo, a lucidez, a coragem de dar aos problemas os seus nomes próprios para enfrentá-los, sem fechar os olhos ou embelezá-los com lentes cor-de-rosa.

Em uma conferência do então teólogo e professor Ratzinger (corria o ano de 1966), encontramos esta conclusão a propósito da situação da Igreja e da fé: «Talvez os senhores esperassem um quadro mais alegre e luminoso. E, sob certos aspectos, existiriam motivos para isso. Mas parece-me importante mostrar as duas faces do que nos encheu de alegria e de gratidão ao Concílio, compreendendo assim também o apelo e a tarefa que aí estão contidos. E parece-me importante assinalar o perigoso, novo triunfalismo em que caem, muitas vezes, justamente os denunciadores do triunfalismo passado. Enquanto for peregrina sobre esta terra, não tem a Igreja o direito de gloriar-se de si mesma. Este novo modo de gloriar-se poderia tornar-se mais insidioso do que tiaras e sédias gestatórias que, seja como for, são agora mais motivo de sorriso do que de orgulho».

Essa sua certeza de que «o lugar da Igreja, na terra, é só ao lado da cruz» não leva, por certo — para ele — à resignação, muito pelo contrário. «O Concílio — diz ele — queria indicar a passagem de uma atitude de conservação a uma atitude missionária. Muitos se esquecem de que o conceito conciliar oposto a 'conservador' não é 'progressista', mas "missionário"».

«O cristão — recorda ainda a quem possa julgá-lo pessimista — sabe que a história já está salva e que, portanto, ao final a solução será positiva. Mas não sabemos através de quais acontecimentos e travessias chegaremos àquele grande final. Sabemos que as 'potências do inferno' não prevalecerão sobre a Igreja, mas ignoramos em que condições isso acontecerá».

A um certo ponto vejo-o abrir os braços e indicar a sua única receita diante de uma situação eclesial em que vê luzes, mas também insídias: «Hoje, mais que nunca, o Senhor nos faz conscientes de que somente Ele pode salvar a Sua Igreja. Ela é de Cristo, a Ele compete prover. A nós é-nos pedido trabalhar ao máximo das forças, sem angústias, com a serenidade de quem é consciente de ser servo inútil também mesmo depois de ter feito todo o seu dever. Também nesta lembrança de nossa pequenez vejo uma das graças deste período difícil». «Um período — continua ele — em que nos é pedida a paciência, essa forma cotidiana do amor. Um amor em que estão presentes, ao mesmo tempo, a fé e a esperança».

Para dizer a verdade (levando exatamente em consideração aquela "objetividade da informação" da qual falávamos), nos dias que passamos juntos, não me pareceu perceber nele nada que justificasse a imagem de dogmático, de implacável Grande Inquisidor que alguns quiseram atribuir-lhe. Vi-o algumas vezes aflito, mas também o ouvi rir de boa vontade, contando uma anedota ou comentando uma tirada. Ao senso de *humour* alia uma outra característica, que também contrasta com o esquema de "inquisidor": a capacidade de ouvir, a disponibilidade de se fazer interromper pelas perguntas e a prontidão em respondê-las todas com extrema franqueza, deixando que o gravador continue a girar. Um homem, portanto, muitíssimo diferente *cliché* que o quer como o "cardeal de cúria", fugidio e dissimuladamente diplomático. Jornalista já de muitos anos, acostumado, portanto, a todo tipo de interlocutores (inclusive altos prelados do Vaticano), confesso que me impressionei ao receber respostas claras e diretas a todas as minhas perguntas, mesmo as mais delicadas.

O muito e o muito pouco

Entregamos, pois, ao julgamento do leitor (sejam quais forem as suas conclusões posteriores), as afirmações do Cardeal Ratzinger, assim como as transcrevemos, procurando ser fiéis a tudo o que ouvimos.

Não será inútil recordar que o conteúdo deste livro foi revisto pelo interessado, que, aprovando-o (não somente no original italiano mas também nas traduções, a começar pela alemã, normativa para as outras), declarou reconhecer-se no que estava escrito.

Dizemos isso para aqueles que — nos comentários muito vivazes ao anúncio prévio no jornal — pareceram insinuar haver na entrevista *muito* do entrevistador. A aprovação do Cardeal Ratzinger aos textos faz com que a entrevista não seja «o Cardeal Ratzinger visto segundo um jornalista», mas «o Ratzinger que, entrevistado por um jornalista, lhe reconhece a fidelidade de interpretação». Da mesma forma como ele também aprovava o longo resumo publicado pelo *L'Osservatore Romano*.

Outros — pelo contrário — suspeitaram que, no texto, havia *muito pouco* nosso como se se tratasse de uma operação "teleguiada", de um movimento assumido no contexto de uma não sei que complicada estratégia na qual o jornalista é reduzido a mero testa-de-ferro. Será então necessário esclarecer o desenvolvimento dos fatos na sua verdade simples. Os editores com os quais colaboro tinham apresentado um pedido geral de entrevista. Dizia-se então que, no momento em que o Cardeal pudesse dispor, não de umas horas apenas, mas de alguns dias, o artigo previsto para uma revista especializada poderia se transformar em livro. Após algum tempo, a secretária do Cardeal Ratzinger respondeu convidando o jornalista a Bressanone. Ali, o Prefeito pôs-se à disposição do entrevistador, sem nenhum acordo prévio, com a única condição da revisão dos textos antes da sua publicação. Nenhum contato precedente, portanto, e nenhum contato ou intervenção posterior, mas plena confiança e liberdade (na fidelidade óbvia) ao elaborador do colóquio.

Entre os que sustentaram a tese do *muito pouco* estão talvez os que também nos reprovaram por não termos sido, com Joseph Ratzinger, bastante "polêmicos", "críticos" ou até mesmo "maldosos". Mas tais objeções provêm daqueles que costumam promover o que nos parece simplesmente péssimo jornalismo. Aquele jornalismo em que o interlocutor é apenas um pretexto para o cronista entrevistar-se a si mesmo, exibindo-se e divulgando a sua própria visão das coisas.

Cremos, ao contrário, que o verdadeiro serviço dos que nós chamamos "informadores" seja justamente o de *informar* os leitores sobre o ponto de vista do entrevistado, deixando o julgamento aos próprios leitores. Estimular o interlocutor a explicar-se, proporcionar lhe a oportunidade de dizer o que quer. Foi assim que agimos, como com qualquer outro, também com o Prefeito da Congregação para a Doutrina da Fé.

Não posso, no entanto, esconder (e o afirmo para evitar hipócritas declarações de impossíveis "neutralidades") que nós mesmos estamos envolvidos na aventura da Igreja, neste momento importante de sua história. Não quero esconder ter aproveitado da ocasião para procurar compreender o que acontece em uma dimensão eclesial que, embora leigo, nos diz respeito pessoalmente também. Conquanto apresentadas em nome dos leitores, as perguntas ao Cardeal eram, pois, também *nossas*, respondiam a uma necessidade *nossa* de compreender. É um dever, parece-nos, de todos os que se declaram crentes, de quem quer que se reconheça membro da Igreja Católica.

Um teólogo e um pastor

É fora de dúvida que, nomeando Joseph Ratzinger responsável pelo ex-Santo Ofício, João Paulo II quis fazer uma escolha "de prestígio". Desde 1977, indicado por Paulo VI, era ele Cardeal Arcebispo de uma diocese de passado ilustre e de presente importante, como o é Munique da Baviera. Mas o sacerdote colocado de surpresa naquela sede episcopal era já um dos mais famosos intelectuais católicos, com um lugar garantido em qualquer história da teologia contemporânea.

Nascido em 1927 em Marktl-am-Inn, na diocese bávara de Passau, ordenado em 1951 em Freising (diocese de Munique), laureado com uma tese sobre Santo Agostinho e, a seguir, professor de teologia dogmática nas mais célebres universidades alemãs (Munique, Tübingen, Regensburg), Ratzinger tinha alternado publicações científicas com monografias de alta divulgação que se tornaram *best-sellers* em muitos países. Os críticos atestam em sua obra não apenas competência em matéria especializada, mas realçam igualmente a pesquisa global daquilo que os alemães chamam *das Wesen,* exatamente a essência mesma da fé e a sua possibilidade de confrontar-se com o mundo moderno. Típico, a este propósito, o seu livro *Einführung in das Christentum* (Introdução ao Cristianismo), uma espécie de clássico continuamente reeditado e no qual se formou toda uma geração de clérigos e leigos atraídos por um pensamento totalmente "católico" e ao mesmo tempo plenamente "aberto" ao novo clima do Vaticano II. No Concílio, o jovem teólogo Ratzinger tomou parte como perito do episcopado alemão, conquistando a estima e a solidariedade daqueles que viam na histórica assembleia uma ocasião única para adequar aos tempos a práxis e a pastoral da Igreja.

Um equilibrado "progressista", enfim, se se quer usar aquele esquema inapto de que falávamos. Em todo caso confirmando a sua fama de intelectual atento e moderno, em 1964, o professor Ratzinger está entre os fundadores da revista internacional *Concilium*, que reúne a chamada "ala progressista" da teologia. Um grupo imponente, que tem seu centro diretor na «Fundação *Concilium*», expressamente fundada para isso em Nimega, na Holanda, e que pode dispor de uns quinhentos colaboradores internacionais que produzem anualmente mais de 2 mil páginas, traduzidas em todas as línguas. Há vinte anos Joseph Ratzinger estava lá, entre os fundadores e diretores de uma revista-instituição que deveria tornar-se o interlocutor bastante crítico justamente da Congregação para a Doutrina da Fé.

Que significou aquela colaboração para quem se tornaria a seguir Prefeito do ex-Santo Ofício? Um infortúnio? Um pecado de juventude? E o que aconteceu nesse meio-tempo? Uma mudança no seu modo de pensar? Um "arrependimento"?

Perguntei-lhe isto um pouco jocosamente, mas a resposta foi imediata e séria: «Não fui eu que mudei, mudaram eles. Desde as primeiras reuniões, apresentei a meus colegas duas exigências. *Primeira:* o nosso grupo não deveria ser sectário, arrogante, como se fôssemos a nova e verdadeira Igreja, um magistério alternativo com toda a verdade sobre o Cristianismo no bolso. *Segunda*: era preciso confrontar-se com a realidade do Vaticano II, com a letra e o espírito autênticos do Concílio autêntico, e não com um imaginário Vaticano III; sem, pois, fugas solitárias para a frente. Estas exigências, a seguir, foram cada vez menos mantidas, até se produzir uma mudança total — que se pode situar por volta de 1973 — quando se começou a dizer que os textos do Vaticano II já não podiam ser o ponto de referência da teologia católica. Dizia-se, com efeito, que o concílio pertencia ainda ao "momento tradicional, clerical" da Igreja e que era preciso superá-lo: um mero ponto de partida, no final das contas. Mas naqueles anos eu já me demitira, há tempos, tanto do grupo de direção como da equipe de colaboradores. Sempre procurei permanecer fiel ao Vaticano II, esse *hoje* da Igreja, sem nostalgias por um *ontem* irremediavelmente passado e sem impaciências por um *amanhã* que não é nosso».

E, passando da abstração teórica para a concretude da experiência pessoal, ele continua: «Gostava do meu trabalho de professor e estudioso. Não desejei, é claro, ser posto à frente primeiro da Arquidiocese de Munique e, a seguir, da Congregação para a Doutrina da Fé. É um serviço pesado, que, porém, me permitiu compreender, ao percorrer todo dia os relatórios que de toda a parte do mundo chegam à minha mesa, o que significa a preocupação pela Igreja Universal. Da minha cadeira, tão incômoda (mas que, pelo menos, permite ter um quadro geral), compreendi que certa "contestação" de alguns teólogos é marcada pela mentalidade típica da burguesia opulenta do Ocidente. A realidade da Igreja concreta, do humilde povo de Deus, é bem diversa de como a representam em certos laboratórios onde se destila a utopia».

A sombra do Santo Ofício

Seja qual for o julgamento que fizermos dele, um fato, no entanto, é objetivo; o assim chamado "policial da fé" não é, na realidade, um homem da *Nomenklatura*, um funcionário que conhece apenas cúrias e escritórios, é um estudioso com experiência pastoral concreta.

Mas também a Congregação a que é chamado a presidir já não é, tampouco, aquele Santo Ofício em torno do qual (como consequência de real culpa histórica, mas também por influência da propaganda antieclesiástica na Europa, a partir do século XVIII até hoje) criou-se uma tenebrosa "lenda negra". Hoje, é a própria pesquisa histórica de cunho laico que reconhece ter sido o Santo Ofício real muito mais équo, moderado e cauto do que gostaria certo mito tenaz.

Os estudiosos recomendam, pois, distinguir entre a «Inquisição Espanhola» e a «Inquisição Romana e Universal». Esta última foi fundada em 1542 por Paulo III, o Papa que procurava de todas as maneiras convocar o concílio que passaria à história com o nome de Concílio de Trento. Como primeira medida para a reforma católica, e para conter a heresia que, da Alemanha e da Suíça, ameaçava propagar-se por toda parte, Paulo III criou um órgão especial, composto por seis cardeais com o poder de intervir onde quer que se julgasse necessário. A nova instituição não tinha, no início, sequer caráter permanente e nem mesmo um nome oficial: somente depois veio a ser chamada de Santo Ofício, ou Congregação da Inquisição Romana e Universal. Jamais sofreu ingerências do poder secular e agiu segundo procedimentos precisos e de certo modo garantidos, pelo menos no contexto da situação jurídica da época e da aspereza das lutas de religião. O que não aconteceu com a Inquisição Espanhola, que foi coisa bem diversa: de fato, foi um tribunal do rei de Espanha, um instrumento do absolutismo estatal que (surgido nas suas origens contra hebreus e muçulmanos suspeitos de "conversão fingida" a um Catolicismo compreendido pela Coroa como instrumento também político), frequentemente, agiu em desacordo com Roma, de onde os papas não deixaram de admoestar e protestar.

De qualquer forma, agora, também para a ex-Inquisição Romana ou o ex-Santo Ofício, tudo isso — a começar pelo próprio nome — não passa de uma recordação. Como dizíamos, a Congregação foi a primeira a ser reformada por Paulo VI, com um *motu proprio* de 7 de dezembro de 1965, último dia do Concílio. A reforma confirmou-lhe, embora mudando os modos de proceder, a tarefa de vigiar sobre a verdadeira fé, mas confiou-lhe também um papel positivo: de estímulo, de proposta e de indicação.

Quando perguntei a Ratzinger se lhe tinha custado passar da condição de teólogo (talvez vigiado por Roma...) à de controlador do trabalho dos teólogos, ele não hesitou em me responder: «Jamais teria aceito esse serviço à Igreja se minha tarefa fosse, antes de tudo, de controle. Com a reforma, a nossa Congregação conservou sim, atribuições de decisão e de interrogação, mas o *motu proprio* de Paulo VI põe como seu objetivo prioritário o papel construtivo de "promover a sã doutrina, para dar novas energias aos anunciadores do Evangelho". Naturalmente somos chamados, como antes, também a vigiar, "a corrigir os erros e a reconduzir ao caminho certo os errantes", como diz o próprio documento, mas essa defesa da fé deve ser orientada para a sua promoção».

Um serviço incompreendido?

No entanto, apesar de todas as reformas, mesmo entre os católicos, muitos não conseguem mais compreender hoje o sentido do serviço prestado à Igreja por essa Congregação. A qual, levada ao banco dos réus, tem direito a fazer ouvir as suas razões. Que soam mais ou menos assim, se bem entendemos o que se encontra em documentos e publicações ou o que nos disseram teólogos que defendem a sua função, julgando-a «mais essencial que nunca».

Dizem eles:

«Ponto de partida indispensável é, ainda hoje e sempre, uma perspectiva religiosa, fora da qual o que é serviço apareceria como intolerância, o que é solicitude necessária como dogmatismo. Caso se entre, pois, em uma dimensão religiosa, compreende-se que a fé é o bem mais elevado e precioso, justamente porque a verdade é o elemento fundamental para a vida do homem. Portanto, a preocupação para que a fé não se corrompa deveria ser considerada — pelo menos por parte dos crentes — ainda mais necessária do que a preocupação pela saúde do corpo. O Evangelho admoesta a "não temer os que matam o corpo", mas "antes os que, juntamente com o corpo, podem matar também a alma" (Mt. 10, 28). É o mesmo Evangelho que lembra que o homem não vive 'só de pão", mas sobretudo da "Palavra de Deus" (Mt. 4. 4). Mas essa Palavra, mais indispensável do que o alimento, deve ser acolhida na sua autenticidade e preservada de qualquer alteração. É o ceticismo diante da possibilidade para o homem de conhecer a verdade, com a consequente perda do conceito verdadeiro da Igreja e o estreitamento da esperança somente na história (onde o que conta é sobretudo o "corpo", o "pão", e não mais a "alma", a "Palavra de Deus"), que fez parecer irrelevante, quando não anacrônico ou até mesmo prejudicial, o serviço de uma Congregação como a da Doutrina da Fé".

Continuam os defensores da Congregação, cujo Prefeito atualmente é Joseph Ratzinger: «Circulam slogans fáceis. Segundo um deles, o que hoje importa seria somente a *ortopráxis*, isto é, o "comportar-se bem", o "amar o próximo". Seria, no entanto, secundária, se não alienante, a preocupação pela *ortodoxia*, isto é, o "crer de modo certo", segundo o sentido verdadeiro da Escritura lida no contexto da Tradição viva da Igreja. Slogan fácil porque superficial; com efeito, o conteúdo da *ortopráxis*, do amor pelo próximo, não muda talvez radicalmente, de acordo com as maneiras de se entender a *ortodoxia*? Para apresentar um exemplo atual, tirado do tema candente do Terceiro Mundo e da América Latina: qual é a práxis certa para socorrer os pobres de maneira realmente cristã e, portanto, eficaz? A escolha de uma *ação* reta não pressupõe talvez um *pensamento* reto, não remete à busca de uma ortodoxia?».

Eis, pois, algumas das razões sobre as quais somos convidados a nos pronunciar.

Falando com ele sobre essas questões preliminares, indispensáveis para se entrar no vivo da discussão, o próprio Ratzinger me disse: «Em um mundo onde, no fundo, o ceticismo contagiou até mesmo muitos crentes, é um verdadeiro escândalo a convicção da Igreja de que existe uma Verdade com maiúscula, e que essa Verdade seja reconhecível, exprimível e, dentro de certos limites, definível de modo preciso. É um escândalo que é partilhado também por católicos que perderam de vista a essência da Igreja. Ela não é uma organização apenas humana, deve defender um depósito que não é seu, deve garantir o anúncio dele e a sua transmissão através de um Magistério que o represente de modo adequado e autêntico aos homens de cada época».

Mas, acerca desse tema da Igreja, esclarece logo, voltará adiante e mais vezes; porque aqui estaria, para ele, uma das raízes da crise atual.

«A heresia ainda existe»

Malgrado a função também positiva assumida pela Congregação, conservava, todavia, o poder de intervir lá onde se suspeite aninharem-se heresias que ameaçam a autenticidade da fé. Aos ouvidos de nós modernos, os termos "heresia", "herético" eram de tal modo insólitos que se é obrigado a escrevê-los entre aspas. Pronunciando-os ou escrevendo-os, sentimo-nos transportados a épocas que nos parecem remotas. Eminência, pergunto-lhe, ainda existem realmente "hereges", existem ainda hoje "heresias"?

«Permita-me, antes de tudo — replica — de evocar, a este propósito, a resposta que dá o novo Código de Direito Canônico, promulgado em 1983, após 24 anos de trabalho que o refizeram completamente e perfeitamente alinhado com a renovação conciliar. No cânon (isto é, artigo) 751 se lê: "Chama-se *heresia* a negação obstinada, após a recepção do batismo, de alguma verdade em que se deve crer por fé divina e católica, ou a dúvida obstinada sobre ela". No que diz respeito às sanções, o cânon 1.364 estabelece que o herege — juntamente com o apóstata e o cismático — incorre na excomunhão *latae sententiae*. Isso vale para todos os fiéis, mas as medidas são agravadas quando o herege é sacerdote. Portanto, também para a Igreja "pós-conciliar" (se é válida essa expressão "pós-conciliar", que não aceito, como explicarei depois), hereges e heresias — chamadas pelo novo código "delitos contra a religião e a unidade da Igreja" —existem, e se previu o modo de defender contra elas a comunidade dos crentes».

Continua: «A palavra da Escritura é atual para a Igreja

de todos os tempos, assim como é sempre atual para o homem a possibilidade de cair em erro. Portanto, também hoje é atual a advertência da segunda epístola de Pedro, acerca do cuidado "com os falsos profetas e falsos mestres que introduzirão heresias perniciosas" (2,1). O erro não é complementar à verdade. Não se esqueça que, para a Igreja, a fé é um "bem comum", uma riqueza de todos, a começar pelos pobres, os mais indefesos perante os desvios: portanto, defender a ortodoxia é, para a Igreja, obra social em favor de todos os crentes. Nesta perspectiva, quando se está diante do erro, não se deve esquecer que devem ser protegidos os direitos do teólogo individual, mas se devem também proteger os direitos da comunidade. Naturalmente, tudo sempre visto à luz da grande admoestação evangélica: "verdade na caridade". Também por isso, a excomunhão em que ainda hoje incorre o herege é considerada uma "sanção medicinal": uma pena que não visa tanto castigá-lo como corrigi-lo, curá-lo. Quem se convence de seu erro e o reconhece, é sempre acolhido novamente, de braços abertos, como um filho particularmente querido, na plena comunhão da Igreja».

No entanto, observo, tudo isso parece — como dizer? — simples e claro demais para corresponder à realidade do nosso tempo, tão pouco passível de ser reduzido a esquemas pré-fixados.

«É verdade — admite —. Concretamente, as coisas não são tão claras assim como as define (nem pode fazê-lo diversamente) o novo Código. Aquela "negação" e aquela "dúvida obstinada" de que se fala ali, quase nunca são encontradas hoje de modo patente. Que, apesar de existirem em uma época espiritualmente complexa como a nossa, é de se esperar: só que não querem aparecer como tais. Quase sempre se oporão as próprias hipóteses teológicas ao Magistério, dizendo que este não exprime a fé da Igreja, mas apenas a "arcaica teologia romana". Dir-se-á que não é a Congregação para a Fé, e sim eles, os "heréticos", que percebem o sentido "autêntico" da fé transmitida. Onde ainda existe um laço eclesial um pouco mais forte, deparamo-nos com um fenômeno diferente, porém associado: fico sempre admirado com a habilidade dos teólogos que conseguem defender justamente o oposto do que se encontra claramente escrito nos documentos do Magistério. E, no entanto, aquelas deturpações são apresentadas, através de hábeis artifícios dialéticos, como o "verdadeiro" significado do documento em questão».

Capítulo

II

UM CONCÍLIO A SER REDESCOBERTO

Dois erros contrapostos

Entrando no assunto, o nosso discurso não podia senão começar senão pelo extraordinário acontecimento — o Concílio Ecumênico Vaticano II — cujo vigésimo aniversário de encerramento se celebra em 1985. Vinte anos que mudaram a Igreja Católica bem mais do que dois séculos.

Sobre a importância, a riqueza, a oportunidade, a imprescindibilidade dos grandes documentos do Vaticano II, ninguém que seja ou queira permanecer católico nutre — nem pode nutrir — dúvidas de qualquer tipo. A começar, naturalmente, pelo Cardeal-Prefeito da Congregação para a Doutrina da Fé. Recordar isso pode parecer mais ridículo do que supérfluo: acontece, no entanto, que em alguns comentários desconcertantes sobre o pré-anúncio do conteúdo desta entrevista, alguém parecia ter dúvidas a respeito disto.

No entanto, as palavras do Cardeal Ratzinger por nós transmitidas, através das quais defendia o Vaticano II e suas decisões, não eram apenas muito claras como também foram por ele reiteradas muitas e muitas vezes nas mais diversas ocasiões.

Entre os inumeráveis exemplos possíveis, há a sua intervenção por ocasião do décimo aniversário do encerramento do Concílio, em 1975. Em Bressanone, reli para ele as palavras daquela intervenção, ouvindo-o confirmar que ainda hoje se reconhecia plenamente nelas.

Assim, já dez anos antes de nosso diálogo ele escrevia: «O Vaticano II encontra-se hoje em uma luz crepuscular. Pela chamada "ala progressista", há muito tempo ele é considerado superado e, por conseguinte, um fato do passado, sem importância para o presente. Pela parte oposta, a ala "conservadora", ele é julgado responsável pela atual decadência da Igreja Católica, e até se lhe atribui a apostasia com relação ao Concílio de Trento e ao Vaticano I: de tal forma que alguns chegaram a pedir a sua anulação ou uma revisão equivalente a uma retirada».

Continuava: «Nos confrontos de ambas as posições contrapostas deve-se esclarecer, antes de tudo, que o Vaticano II é apoiado pela mesma autoridade do Vaticano I e do Concílio de Trento: isto é, o Papa e o colégio dos bispos em comunhão com ele. Do ponto de vista do conteúdo, deve-se recordar que o Vaticano II se encontra em íntima continuidade com os dois Concílios precedentes, retomando literalmente alguns dos seus pontos decisivos».

Daqui Ratzinger deduz duas consequências: «*Primeira*: é impossível para um católico tomar posição *a favor* do Vaticano II *contra* Trento ou o Vaticano I. Quem aceita o Vaticano II, assim como ele se expressou claramente na letra e, assim como claramente o entendeu no espírito, afirma ao mesmo tempo a ininterrupta tradição da Igreja, em particular os dois concílios precedentes. E isto deve valer para o chamado "progressismo", pelo menos em suas formas extremas. *Segunda*: do mesmo modo, é impossível decidir-se *a favor* de Trento e do Vaticano I e *contra* o Vaticano II. Quem nega o Vaticano II, nega a autoridade que sustenta os outros dois Concílios e, dessa forma, os separa de seu fundamento. E isso deve valer para o chamado "tradicionalismo", também ele em suas formas extremas. Perante o Vaticano II, qualquer opção parcial destrói o todo, a própria história da Igreja, que só pode subsistir como uma unidade indivisível».

«Redescubramos o verdadeiro Vaticano II»

Não são, portanto, o Vaticano II e os seus documentos que criam problemas (quase não há necessidade de recordar isto). Para muitos, na realidade — e Joseph Ratzinger está entre eles há muito tempo — o problema é constituído por muitas interpretações de tais documentos que teriam levado a certos frutos da época pós-conciliar.

O pensamento de Ratzinger acerca desse período é claro há bastante tempo: «É incontestável que os últimos vinte anos foram decididamente desfavoráveis à Igreja Católica. Os resultados que se seguiram ao Concílio parecem cruelmente opostos às expectativas de todos, inclusive às de João XXIII e, a seguir, de Paulo VI. Os cristãos são novamente minoria, mais do que jamais o foram desde o final da Antiguidade».

Assim ele explica o seu severo julgamento, repetido durante a conversa: «Os Papas e os Padres conciliares esperavam uma nova unidade católica, e, pelo contrário, caminhou-se ao encontro de uma dissensão que — para usar as palavras de Paulo VI — pareceu passar da autocrítica à autodestruição. Esperava-se um novo entusiasmo, e, no entanto, muito frequentemente, chegou-se ao tédio e ao desencorajamento. Esperava-se um impulso à frente, e, no entanto, o que se viu foi um progressivo processo de decadência que veio se desenvolvendo, em larga medida, sob o signo de um presumido "espírito do Concílio" e que, dessa forma, acabou por desacreditá-lo».

Portanto, concluía ele dez anos atrás: «Deve-se reafirmar claramente que uma reforma real da Igreja pressupõe um inequívoco abandono dos caminhos errados que levaram a consequências indiscutivelmente negativas».

Ele escreveu uma vez: «O Cardeal Julius Döpfner dizia que a Igreja pós-conciliar é um grande canteiro de obras. Mas um espírito crítico acrescentou que é um canteiro onde se perdeu o projeto e cada um continua a fabricar de acordo com o seu próprio gosto. O resultado é evidente».

É constante nele, porém, a preocupação de repetir, com a mesma clareza, que, «nas suas expressões oficiais, nos seus documentos autênticos, o Vaticano II não pode ser considerado responsável por essa evolução, que — pelo contrário — contradiz radicalmente tanto a letra como o espírito dos Padres conciliares».

Disse: «Estou convencido de que os danos encontrados nestes últimos anos não são atribuíveis ao Concílio "verdadeiro", mas ao desencadear-se, no *interior* da Igreja, de forças latentes agressivas, centrífugas, talvez irresponsáveis ou simplesmente ingênuas, de um otimismo fácil, de uma ênfase quanto à modernidade que confundiu o hodierno progresso técnico com um progresso autêntico, integral. E, no *exterior*, ao impacto de uma revolução cultural: a afirmação, no Ocidente, do estrato médio-superior, da nova "burguesia do terciário", com a sua ideologia liberal-radical, de molde individualista, racionalista, hedonista».

Portanto, a sua palavra de ordem, a exortação a todos os católicos que quisessem permanecer como tais, não é certamente um "voltar atrás"; mas: "voltar aos textos autênticos do Vaticano II autêntico".

Para ele, repete-me, «defender hoje a Tradição verdadeira da Igreja significa defender o Concílio. É também nossa culpa se alguma vez demos pretexto (tanto à "direita" como à "esquerda") para pensar que o Vaticano II senha sido uma "ruptura", uma fratura, um abandono da Tradição. Existe, pelo contrário, uma continuidade que não permite nem retorno para trás nem fugas para adiante; nem nostalgias anacrônicas nem impaciências injustificadas. É ao *hoje* da Igreja que devemos permanecer fiéis, não ao *ontem* nem ao *amanhã*: e esse hoje da Igreja são os documentos do Vaticano II na sua autenticidade. Sem *reservas* que os amputem. E sem *arbítrios* que os desfigurem».

Uma receita contra o anacronismo

Crítico da "esquerda", Ratzinger mostra-se também inequivocamente severo para com a "direita", para com aquele tradicionalismo cujo símbolo maior é o velho bispo Marcel Lefebvre. Disse-me a este respeito: «Não vejo futuro algum para uma posição que se obstina em uma rejeição fundamental do Vaticano II. De fato, ela é ilógica em si mesma. Com efeito, o ponto de partida dessa tendência é a mais rígida fidelidade ao ensinamento, em particular, de Pio IX e de Pio X e, ainda mais profundamente, do Vaticano I com a sua definição do primado do Papa. Mas por que os Papas até Pio XII e não além? A obediência à Santa Sé será talvez passível de divisão segundo os anos ou segundo a consonância de um ensinamento com as próprias convicções já estabelecidas?»

Permanece, porém, o fato, observo eu, de que Roma

interveio "à esquerda", mas até agora não interveio "à direita" com o mesmo vigor.

Diz ele como resposta: «Os seguidores de Dom Lefebvre afirmam o contrário. Eles sustentam que, enquanto se interveio logo com a severa pena da suspensão com relação a um benemérito Arcebispo aposentado, se tolera, de modo incompreensível, todas as formas de desvios da parte oposta. Não quero envolver-me em uma polêmica sobre a maior ou menor severidade para com uma tendência ou outra. De resto, os dois tipos de oposição apresentam características muito diferentes. Os desvios "à esquerda" representam indubitavelmente uma vasta corrente do pensamento e da iniciativa contemporânea na Igreja, no entanto, praticamente em parte alguma assumiram uma forma comum juridicamente definível. O movimento do arcebispo Lefebvre, ao contrário, é provavelmente muito menos amplo numericamente, mas dotado de uma ordenação jurídica bem definida, com seminários, instituições religiosas etc. É claro que se deve fazer todo o possível para que esse movimento não dê origem a um cisma, em sentido próprio, o que aconteceria no momento em que Dom Lefebvre resolvesse consagrar um bispo. Graças a Deus, até agora, na esperança de uma reconciliação, ele não o fez. Hoje, no âmbito ecumênico, deplora-se que, no passado, não se tenha feito mais para impedir as divisões pouco a pouco emergentes, através de uma maior disponibilidade para a reconciliação e a compreensão entre as partes. Pois bem, isso devia valer como padrão de comportamento também para nós, no tempo presente. Devemos nos empenhar em prol da reconciliação até onde e enquanto esta for possível, utilizando para esse fim todas as oportunidades que nos são concedidas».

Mas Lefebvre ordenou, retruco eu, e continua a ordenar sacerdotes.

«Pelo direito da Igreja são ordenações ilícitas, mas não inválidas. Deve-se considerar também o lado humano desses jovens, que, para a Igreja, são padres de "verdade", ainda que em uma situação irregular. O ponto de partida e a orientação de cada um são, certamente, variados. Alguns foram fortemente influenciados por sua situação familiar e aceitaram a decisão desta última. Em outros desempenham certo papel desilusões nos confrontos da Igreja atual, desilusões que os levaram à amargura e à negação. Outros, ainda, desejariam colaborar plenamente com a atividade pastoral normal da Igreja, mas na sua opção deixaram-se determinar pela situação insatisfatória que acabou se criando nos seminários de alguns países. Portanto: assim como existem os que, de algum modo foram afetados pela divisão, há também muitos outros que anseiam pela reconciliação e somente por tal esperança permanecem na comunidade sacerdotal de Dom Lefebvre».

A sua receita para "desmontar" o caso Lefebvre e outras resistências anacrônicas parece fazer eco à dos últimos Papas, de Paulo VI até hoje: «Situações semelhantes, tão absurdas, puderam manter-se até hoje por nutrirem-se exatamente da arbitrariedade e da imprudência de certas interpretações pós-conciliares, de rumo oposto. É preciso um ulterior esforço para mostrar a verdadeira face do concílio, poder-se-á, dessa forma, eliminar estes falsos protestos».

Espírito e antiespírito

Mas, quanto ao Concílio "verdadeiro", digo eu, as opiniões são discordantes. Exceto os fatos daquele "neotriunfalismo" irresponsável ao qual se referia e que se recusa a enxergar a realidade, geralmente todos estão de acordo em que a situação atual da Igreja é de dificuldade. Mas as opiniões divergem tanto em relação ao diagnóstico como em relação à terapia. O *diagnóstico* de alguns é que os vários aspectos da dificuldade, se não da crise, são apenas febres benéficas de um período de crescimento; para outros, ao contrário, são sintomas de uma doença grave. Quanto à *terapia*, os primeiros pedem uma maior aplicação do Vaticano II, ultrapassando mesmo os seus textos. Os segundos, uma dose menor de reformas e de mudanças. Como escolher? A quem dar razão?

Responde ele: «Como explicarei amplamente, o meu diagnóstico é que se trata de uma autêntica crise, que, como tal, deve ser tratada e curada. Assim, para essa cura, reafirmo que o Vaticano II é uma realidade a ser aceita plenamente. Com a condição, porém, de não ser considerado apenas como um ponto de partida, do qual se deve afastar correndo, mas sim como uma base sobre a qual construir firmemente. Estamos descobrindo hoje, portanto, a sua função profética: alguns textos do Vaticano II, no momento de sua proclamação, pareciam realmente adiantar-se aos tempos então vividos. Vieram a seguir revoluções culturais e terremotos sociais que os Padres conciliares nem podiam prever, mas que demonstravam como aquelas respostas — então antecipadas — eram as que, a seguir, se fariam necessárias. Portanto, retornar aos documentos é de particular atualidade: eles nos proporcionam instrumentos certos para enfrentar os problemas de hoje. Somos chamados a reconstruir a Igreja, não apesar do, mas graças ao Concílio verdadeiro».

A esse Concílio "verdadeiro", para permanecer ainda em seu diagnóstico, «já durante as sessões e, a seguir, cada vez sempre mais, no período sucessivo, opôs-se um autointitulado "espírito do Concílio" que, na verdade, é o seu verdadeiro antiespírito. Segundo esse pernicioso antiespírito — *Konzils-Ungeist*, para dizê-lo em alemão — tudo o que é "novo" (o que por tal se tem: quantas antigas heresias reapareceram nestes anos apresentadas como novidade!) seria sempre, e de qualquer forma, melhor do que o que existiu ou existe. É o antiespírito, segundo o qual se deveria começar a história da Igreja a partir do Vaticano II, visto como uma espécie de ponto zero».

«Não ruptura, mas continuidade»

Acerca disso, ele me confirma que deseja ser bastante preciso: «É necessário opor-se decididamente a esse esquematismo de um *antes* e de um *depois* na história da Igreja, totalmente injustificado pelos próprios documentos do Vaticano II, que outra coisa não fazem senão reafirmar a continuidade do catolicismo. Não existe uma Igreja "pré" ou "pós" - conciliar: existe uma só e única Igreja, que caminha rumo ao Senhor, aprofundando sempre mais e compreendendo sempre melhor a bagagem da fé que Ele mesmo lhe confiou. Nessa história não existem saltos, não existem fraturas, não há solução de continuidade. O Concílio de modo algum pretendia introduzir uma divisão no tempo da Igreja».

Continuando sua análise, recorda que «a intenção do Papa que teve a iniciativa do Vaticano II, João XXIII, e daquele que fielmente lhe deu continuidade, Paulo VI, não era de forma alguma pôr em discussão o *depositum fidei*, que, pelo contrário, ambos tinham como indiscutível, como algo já em segurança».

O senhor pretende realçar mais, como fazem alguns, a intenção mais *pastoral* do que *doutrinal* do Vaticano II?

«Quero dizer que o Vaticano II não pretendia certamente "mudar" a fé, e sim apresentá-la de modo mais eficaz. Quero dizer, além disso, que o diálogo com o mundo só é possível quando baseado em uma identidade clara; que se pode e se deve "abrir", mas somente quando se assumiu a própria identidade e, portanto, se tem algo a dizer. A identidade firme é condição da abertura. Assim entendiam os Papas e os Padres conciliares, alguns dos quais certamente levaram a um entusiasmo que nós, a partir de nossa perspectiva atual, podemos julgar pouco crítico e pouco realista. Mas, se pensaram poder abrir-se a tudo o que de positivo existe no mundo moderno, foi justamente porque estavam certos de sua própria identidade, estavam certos de sua fé. Enquanto por parte de muitos católicos houve nestes anos um escancarar-se ao mundo, isto é, à mentalidade moderna dominante, sem filtros nem freios, pondo em discussão, ao mesmo tempo, as bases mesmas do *depositum fidei* que, para muitos não eram mais claras».

Continua ele: «O Vaticano II tinha razão em almejar uma revisão nas relações entre Igreja e mundo. Com efeito, existem valores que, nascidos fora da Igreja, podem encontrar seu lugar — uma vez revistos e corrigidos —

na visão dela. Nestes anos, procurou-se realizar tal tarefa. Mas demonstraria desconhecer tanto a Igreja como o mundo quem pensasse que estas duas realidades podem se encontrar sem conflitos, ou até mesmo possam identificar-se».

Está, talvez, propondo voltar à velha espiritualidade da "oposição ao mundo"?

«Não são os cristãos que se opõem ao mundo. É o mundo que se opõe a eles quando é proclamada a verdade sobre Deus, sobre Cristo, sobre o homem. O mundo revolta-se quando o pecado e a graça são chamados por seus próprios nomes. Depois da fase das "aberturas" indiscriminadas, é tempo de o cristão reencontrar a consciência de pertencer a uma minoria e de estar muitas vezes em contraste ao que é óbvio, lógico, natural para aquilo que o Novo Testamento chama — e certamente não em um sentido positivo — o "espírito mundano". É tempo de se reencontrar a coragem do anticonformismo, a capacidade de se opor, de denunciar muitas das tendências da cultura que nos cerca, renunciando a certa eufórica solidariedade pós-conciliar».

Restauração?

Foi nesse ponto — também aqui, como durante toda a nossa conversa, o gravador chiava no silêncio do quarto que dava para o jardim do seminário — que fiz ao Cardeal Ratzinger a pergunta cuja resposta suscitou fortíssimas reações no mundo inteiro. Reações devidas também aos modos incompletos com que ela foi transmitida e ao conteúdo emotivo da palavra em questão («restauração»), que nos transporta a épocas históricas certamente não repetíveis e — pelo menos em nossa opinião — nem mesmo desejáveis.

Perguntei, pois, ao Prefeito da Fé: mas então, prestando atenção ao que o senhor diz, pareceria não estarem errados os que afirmam que a hierarquia da Igreja estaria pretendendo encerrar a primeira fase do pós-concílio; e que (embora não retornando a certo pré-concílio, mas aos documentos "autênticos" do Vaticano II) a mesma hierarquia pretenderia promover uma espécie de "restauração".

Eis a resposta textual do Cardeal: «Se por "restauração" se entende um voltar atrás, então nenhuma restauração é possível. A Igreja caminha para a frente, rumo à realização da história, olha adiante, para o Senhor que vem. Não: para trás não se torna nem se pode tornar. Nenhuma "restauração", portanto, neste sentido. Mas, se por "restauração" compreendemos a busca de um novo equilíbrio (*die Suche auf ein neues Gleichgewicht*) após os exageros de uma indiscriminada abertura ao mundo, após as interpretações por demais positivas de um mundo agnóstico e ateu; pois bem, então uma "restauração" entendida nesse sentido (um equilíbrio renovado, isto é, das orientações e dos valores no interior da totalidade católica), é absolutamente almejável e, aliás, já está em ação na Igreja. Neste sentido pode-se dizer que se encerrou a primeira fase após o Concílio Vaticano II»*.

---

*   Em muitos comentários jornalísticos a esta resposta, o termo "restauração" não foi assumido com todas as explicações necessárias e que aqui foram transmitidas. Por isso, interpelado por um jornal, o Cardeal Ratzinger declarava o seguinte, em uma carta:
        "Primeiramente, quero recordar simplesmente o que eu realmente disse: não é possível retorno algum ao passado; uma restauração assim compreendida é não só impossível como também

Efeitos imprevistos

É que para ele, como me explica, «a situação mudou, o clima piorou muito, comparado com aquele que alimentava uma euforia cujos frutos estão diante de nós, como uma advertência. O cristão é obrigado a ter esse realismo que outra coisa não é senão atenção completa aos sinais do tempo. Por isso excluo que se possa pensar (irrealisticamente) em retomar a estrada, como se o Vaticano II jamais tivesse acontecido. Muitos dos resultados concretos, tais como os que vemos agora, não correspondem às intenções dos Padres conciliares, mas certamente não

---

indesejável. A Igreja caminha para a frente rumo à realização da história, olha adiante, para o Senhor que vem. Se, porém, o termo "restauração" é compreendido segundo o seu conteúdo semântico, quer dizer, como recuperação de valores perdidos dentro de uma nova totalidade, então diria que é justamente esta a tarefa que se impõe hoje, no segundo período do pós-Concílio. No entanto, para nós, homens contemporâneos, a palavra "restauração" é de tal modo determinada linguisticamente que se torna difícil atribuir-lhe tal significado. Na realidade, ela quer dizer literalmente a mesma coisa que a palavra "reforma", termo esse que soa, para nós, totalmente diferente.
"Talvez possa esclarecer com um exemplo tirado da história. Para mim, Carlos Borromeu é a expressão clássica de uma verdadeira reforma, isto é, de uma renovação que avança exatamente porque ensina, de uma maneira nova, os valores permanentes, tendo presente a totalidade do fato cristão e a totalidade do homem. Certamente pode-se dizer que Carlos Borromeu, sem por isso ter retornado à Idade Média, reconstruiu ("restaurou") a Igreja Católica, que, também na região milanesa, estava praticamente destruída. Pelo contrário, ele criou uma forma moderna de Igreja. Quão pouco "restauradora" fosse uma tal "reforma" pode-se perceber na supressão de uma ordem religiosa então em decadência, levada a efeito por Carlos, que confiou os bens dela a novas comunidades vivas. Quem hoje possui semelhante coragem, de declarar definitivamente pertencente ao passado aquilo que já está morto por dentro (continuando a viver tão somente exteriormente) e de confiá-lo com clareza às energias do tempo novo? Muitas vezes, novos fenômenos de reavivamento cristão são hostilizados justamente pelos que se autointitulam reformadores, os quais, por sua vez, defendem obstinadamente instituições que ainda continuam a existir tão somente pela contradição com elas mesmas.

podemos dizer: "Teria sido melhor que não tivesse acontecido". O Cardeal John Henry Newman, o historiador dos Concílios que passou do anglicanismo ao catolicismo, dizia que o Concílio é sempre um risco para a Igreja, que, portanto só deve convocá-lo para poucas coisas e não prolongá-lo por muito tempo. É verdade que as reformas exigem tempo, paciência, expõem a riscos, mas também aqui não é lícito dizer: "Não as façamos, porque são perigosas". Creio, antes, que o tempo verdadeiro do Vaticano II ainda não chegou, que a sua acolhida autêntica ainda não teve início: os seus documentos foram imediatamente sepultados por uma avalanche de publicações muitas vezes superficiais ou francamente inexatas. A releitura da *letra* dos documentos poderá fazer-nos descobrir o seu verdadeiro *espírito*. Redescobertos dessa forma, na sua verdade, aqueles grandes textos poderão nos possibilitar a compreensão do que aconteceu e de reagir com novo vigor. Eu o repito: o católico que, com lucidez e, portanto, com sofrimento, vê os danos produzidos na sua Igreja pelas deformações do Vaticano II, nesse mesmo Vaticano II, deve encontrar a possibilidade

---

Em Carlos Borromeu, portanto, pode-se ver aquilo que eu quis dizer com "reforma" ou "restauração" em seu sentido original: viver na tensão rumo a uma totalidade, viver de um "sim" que reconduz à unidade as forças da existência humana reciprocamente em conflito; um "sim" que lhes confere um sentido positivo no interior da totalidade. Em Carlos pode-se ver ainda qual o pressuposto essencial para uma tal renovação. Carlos pode convencer outros porque ele mesmo era um homem convicto. Pode resistir, com sua certeza, em meio às contradições do seu tempo porque ele mesmo as vivia. E podia vivê-las porque era cristão no sentido mais profundo da palavra, isto é, totalmente centrado em Cristo. Restabelecer essa relação integral com Cristo é a que realmente conta. Dessa relação integral com Cristo não se pode convencer ninguém apenas argumentando, mas se pode vivê-la e, através disso, torná-la crível aos outros; convidar os outros a partilhá-lha".

da recuperação. O Concílio é *seu*, e não daqueles que querem continuar em uma estrada cujos resultados foram catastróficos; não é daqueles que, não por acaso, não sabem mais o que fazer com o Vaticano II, olhando-o como um "fóssil da era clerical"».

Observou-se, digo eu, que o Vaticano II é um *unicum* também porque é, talvez, o primeiro Concílio da história que não foi convocado sob pressão de exigências prementes, de crises, mas em um momento que parecia de tranquilidade para a vida eclesial. As crises vieram depois, e não apenas na Igreja, mas na sociedade inteira. Não crê que possa dizer que, de qualquer modo, a Igreja teria enfrentado essas revoluções culturais e que, sem o Concílio, a sua estrutura teria sido mais rígida e os danos mais graves? Sua estrutura pós-conciliar, mais flexível e mais elástica, não pode talvez absorver melhor o impacto, embora pagando um preço de qualquer modo necessário?

«É impossível dizê-lo — responde ele —. A história, sobretudo a história da Igreja, que Deus guia através de percursos misteriosos, não se faz com os "se"; devemos aceitá-la como ela é. Naqueles inícios dos anos 60, estava para aparecer em cena a geração do pós-guerra, que não participou diretamente da reconstrução, encontrando um mundo já reconstruído e que, portanto, procurava alhures motivos de empenho, de renovação. Havia uma atmosfera geral de otimismo, de confiança no progresso. Todos na Igreja partilhavam, portanto, da expectativa de uma evolução tranquila da sua doutrina. Não se deve esquecer que também o meu antecessor no Santo Ofício, o Cardeal Ottaviani, apoiava o projeto de um Concílio Ecumênico. Após o anúncio da sua convocação, feito pelo Papa João XXII, a Cúria Romana trabalhou juntamente com os representantes mais estimados do episcopado mundial, preparando aqueles esquemas que, depois, foram postos de lado pelos Padres conciliares como "teóricos demais, manualísticos e muito pouco pastorais". O Papa João XXIII não tinha considerado a possibilidade de uma rejeição: ele esperava uma votação rápida e sem dificuldade desses projetos, que ele tinha lido e acolhido com agrado. É claro que nenhum daqueles textos queria modificar a doutrina: tratava-se, antes, de reapresentá-la, quando muito para chegar à explicitação de algum ponto ainda não precisamente definido, e, desse modo, desenvolvê-lo ulteriormente. Também a rejeição dos textos, por parte dos Padres conciliares, não dizia respeito à doutrina como tal, mas antes ao modo insuficiente da sua apresentação e, certamente, também a algumas definições que nunca tinham sido feitas até aquele momento e que, ainda hoje, não são julgadas necessárias. É preciso reconhecer, portanto, que o Vaticano II, desde o início, não tomou o rumo que João XXIII previa (recorde-se que países como a Holanda, a Suíça e os Estados Unidos eram verdadeiras fortalezas do tradicionalismo e da fidelidade a Roma!). E deve-se reconhecer também que, pelo menos até agora, não foi atendida a prece do Papa João XXIII para que o Concílio significasse para a Igreja um novo salto à frente, uma vida e uma unidade renovadas».

A esperança dos "movimentos"

Mas, pergunto inquieto, a sua imagem negativa da

realidade da Igreja pós-conciliar não deixa espaço para alguns elementos positivos?

«Paradoxalmente — responde ele — é exatamente o negativo que pode se transformar em positivo. Muitos católicos, nestes anos, fizeram a experiência do êxodo, viveram os resultados do conformismo às ideologias, provaram o que significa esperar do mundo redenção, liberdade, esperança. Que aspecto teria uma vida sem Deus, um mundo sem Deus, até então se sabia somente em teoria. Agora constatou-se na realidade. É a partir desse vazio que podemos descobrir novamente a riqueza da fé e como ela é indispensável. Para muitos, estes anos foram uma árdua purificação, como que uma estrada através do fogo, que abriu a possibilidade nova de uma fé mais profunda».

«Não nos esqueçamos jamais — continua ele — que cada Concílio é, antes de tudo, uma reforma que do vértice deve se espalhar até à base. Isto é, cada Concílio deve ser seguido por uma onda de santidade, para dar realmente fruto. Assim foi após Trento, que, justamente por isso, atingiu sua finalidade de verdadeira reforma. A salvação para a Igreja vem do seu interior, mas não está dito de modo algum que ela venha dos decretos da hierarquia. Dependerá de todos os católicos, chamados a dar-lhes vida, se o Vaticano II e suas conquistas serão considerados um período luminoso para a história da Igreja. Como João Paulo II tem repetido frequentemente: "A Igreja de hoje não precisa de novos reformadores. Ela tem necessidade de novos santos"».

Não vê, pois, insisto eu, outros sinais positivos — além daqueles que provêm do "negativo" — deste período da história eclesial?

«Certamente que os vejo. Não me alongo aqui a falar do ímpeto das jovens igrejas (como a da Coreia do Sul) ou da vitalidade das igrejas perseguidas, porque isso não pode ser atribuído diretamente ao Vaticano II, assim como não podem ser-lhe atribuídos diretamente os fenómenos da crise. O que abre espaço à esperança em nível de Igreja *universal* — e isso acontece no coração mesmo da crise da Igreja no mundo *ocidental* — é o aparecimento de novos movimentos, que ninguém previu, mas que brotaram espontaneamente da vitalidade interior da fé mesma. Neles se manifesta, ainda que discretamente, algo como um período de Pentecostes na Igreja».

Em que movimentos pensa, especialmente?

«Refiro-me ao Movimento Carismático, aos Cursilhos, ao Movimento dos Focolares, às Comunidades Neocatecumenais, à Comunhão e Libertação etc. Certamente todos esses movimentos geram também alguns problemas, em medida maior ou menor trazem também perigos. Mas isso acontece em qualquer realidade viva. Em número crescente, acontece-me agora encontrar grupos de jovens em que existe uma cordial adesão à fé integral da Igreja. Jovens que querem viver plenamente esta fé e que trazem neles mesmos um grande impulso missionário. Toda a intensa vida de oração, presente nestes movimentos, não leva a uma fuga para o intimismo ou a um refluxo para o privado, mas simplesmente a uma plena e integral *catolicidade*. A alegria da fé que nela se experimenta traz em si algo de contagioso. E neste contexto crescem atualmente, de maneira espontânea, novas vocações para o sacerdócio ministerial e para a vida religiosa».

Ninguém ignora, porém, que entre os problemas suscitados por esses movimentos encontra-se também o da sua inserção na pastoral geral. Sua resposta é imediata: «O que espanta é que todo esse fervor não foi elaborado por algum organismo de programação pastoral, mas, de alguma maneira, surgiu por si. Esse dado, de fato, traz como consequência que os organismos de programação — quando querem ser muito "progressistas" — não sabem o que fazer com eles: não cabem em seus planos. Assim, enquanto surgem tensões na inserção dos movimentos no interior das instituições atuais, não existe tensão alguma com a Igreja hierárquica como tal».

Um julgamento, pois, cheio de simpatia. O Cardeal o confirma: «Emerge aqui uma nova geração da Igreja, a quem olho com grande esperança. Acho maravilhoso que o Espírito seja novamente mais forte que os nossos programas e valorize algo bem diverso daquilo que tínhamos imaginado. Neste sentido, a renovação está a caminho, discreta mas eficazmente. Velhas formas, que encalharam na autocontradição e no gosto pela negação, saem de cena e o novo já está em movimento. Naturalmente, ele ainda não tem voz plena no grande debate das ideias dominantes. Cresce no silêncio. Nossa tarefa, enquanto encarregados de um ministério na Igreja e enquanto teólogos, é manter-lhe abertas as portas, preparar-lhe o espaço. Porque as tendências que prevalecem atualmente movem-se em um rumo totalmente diferente. Se se observa justamente esta "situação meteorológica geral" do Espírito, deve-se falar, como fazíamos antes, de uma *crise* da fé e da Igreja. Somente se a reconhecemos sem preconceitos poderemos também superá-la».

Capítulo
III

NAS RAÍZES DA CRISE: A IDEIA DE IGREJA

A fachada e o mistério

Crise, portanto. Mas, em sua opinião, onde está o principal ponto de ruptura, a brecha que se alarga constantemente, ameaçando a estabilidade do edifício inteiro da fé católica?

Para o cardeal Ratzinger não há dúvida: a advertência se dirige, antes de tudo, à crise do conceito de Igreja, à eclesiologia: «Aqui está a origem de boa parte dos equívocos, e também dos erros reais, que afligem tanto a teologia como a opinião pública católica».

Explica: «A minha impressão é que se vai perdendo por toda a parte tacitamente o sentido autenticamente católico da realidade "Igreja", sem expressamente renegá-lo. Muitos não creem mais que se trate de uma realidade querida pelo próprio Senhor. Segundo alguns teólogos, até mesmo a Igreja se mostra uma construção humana, um instrumento criado por nós e que, portanto, podemos reorganizar livremente, conforme as exigências do momento. Isto é, insinuou-se no pensamento católico e até na teologia católica, de muitas maneiras, um conceito de Igreja que não se pode nem mesmo chamar de protestante, em sentido "clássico". Algumas ideias eclesiológicas em voga devem ser relacionadas, antes, com o modelo de certas "igrejas livres" da América do Norte, onde se refugiavam os crentes para fugir do modelo opressivo de "igreja de Estado" produzido na Europa pela Reforma. Aqueles prófugos, já não crendo em uma Igreja institucional querida por Cristo e desejando, ao mesmo tempo, fugir da "igreja de Estado", criavam a sua igreja, uma organização estruturada segundo as suas necessidades».

E para os católicos?

«Para os católicos — explica ele — a Igreja é composta, sem dúvida, de homens que lhe organizam a face externa; mas, por trás de tudo isso, as estruturas fundamentais são queridas por Deus, sendo, portanto, intocáveis. Por trás da fachada *humana* subsiste o mistério de uma realidade *sobre-humana*, sobre a qual nem o reformador nem o sociólogo ou o organizador têm autoridade para intervir. Se a Igreja, pelo contrário, é vista como uma construção humana, como um artefato nosso, também o conteúdo da fé acaba por se tornar arbitrário: com efeito, a fé não possui mais um instrumento autêntico, garantido, através do qual ela se exprime. Assim, sem uma visão do mistério da Igreja que seja também *sobrenatural*, e não apenas *sociológica*, a própria cristologia perde a sua referência ao divino. A uma estrutura meramente humana acaba por corresponder um projeto humano. O Evangelho torna-se o projeto-Jesus, o projeto libertação-social ou outros projetos apenas históricos, imanentes, que podem até parecer religiosos na aparência, mas que são ateus na substância».

Durante o Vaticano II insistiu-se muito, nas intervenções de alguns bispos, nos relatórios de seus assessores teológicos, mas também nos documentos finais — sobre o conceito de Igreja como «povo de Deus».

Uma concepção que, depois, se tornou dominante nas eclesiologias pós-conciliares.

«É verdade, houve e há essa insistência, que, porém, nos textos conciliares, encontra-se em equilíbrio com outras que a completam; um equilíbrio que se perdeu em muitos teólogos. E, no entanto, diversamente do que pensam estes, assim se arrisca a caminhar para trás, em

NAS RAÍZES DA CRISE: A IDEIA DE IGREJA
J. RATZINGER — V. MESSORI

vez de avançar. Existe aqui o perigo de se abandonar o Novo Testamento para se voltar ao Antigo. Com efeito, para a Escritura, "Povo de Deus" é Israel em seu relacionamento de oração e de fidelidade com o Senhor. Mas limitar-se unicamente a essa expressão para definir a Igreja significa não indicar plenamente a concepção que dela tem o Novo Testamento. Para este, na verdade, "povo de Deus" refere-se sempre ao elemento veterotestamentário da Igreja, à sua continuidade com Israel. Mas a Igreja recebe a sua conotação neotestamentária mais evidente no conceito de "Corpo de Cristo". Se é Igreja e se entra nela não através de pertenças sociológicas, e sim através da inserção no próprio corpo do Senhor, por meio do batismo e da eucaristia. Por trás do conceito, hoje constituído, de Igreja apenas como "povo de Deus" encontram-se de novo influências de eclesiologias que, de fato, retornam ao Antigo Testamento; e talvez, também sugestões políticas, partidárias, coletivistas. Na realidade, não existe conceito de Igreja realmente neotestamentário, católico, sem relação direta e vital não somente com a sociologia mas, antes de tudo, com a cristologia. A Igreja não se esgota no "coletivo" dos crentes: sendo o Corpo de Cristo, é bem mais do que a simples soma dos seus membros".

Para o Prefeito, a gravidade da situação é acentuada pelo fato de que — em um ponto tão vital como a eclesiologia — não parece ser possível tomar medidas resolutivas por meio de documentos. Apesar de estes não terem faltado, em sua opinião seria necessário um trabalho em profundidade: «É preciso recriar um clima autenticamente católico, reencontrar o sentido da Igreja como Igreja do Senhor, como espaço da real presença de

Deus no mundo. Aquele mistério de que fala o Vaticano II quando escreve estas palavras terrivelmente comprometedoras e que, no entanto, correspondem a toda a tradição católica: "A Igreja, isto é, o reino de Deus já presente em mistério" (*Lumen Gentium*, n. 3)».

«Não é nossa, é Sua»

Confirmando a diferença "qualitativa" da Igreja com relação a qualquer outra organização humana, Ratzinger recorda que «somente a Igreja, neste mundo, supera também o limite intransponível por excelência para o homem: os confins da morte. Vivos ou mortos, os membros da Igreja vivem unidos na mesma vida que promana da inserção de todos no próprio Corpo de Cristo».

É a realidade, observo eu, que a teologia católica sempre chamou de *communio sanctorum*, a comunhão dos "santos"; entendendo por "santos" todos os batizados.

«Certamente — disse —. "Mas é preciso não esquecer que a expressão latina não significa apenas a união dos membros da Igreja, vivos ou defuntos. *Communio sanctorum* significa também ter em comum as "coisas santas", isto é, a graça dos sacramentos que brotam do Cristo morto e ressuscitado. É também esse liame misterioso e, no entanto, real, é essa união na Vida que faz com que a Igreja não seja a *nossa* Igreja, de quem poderemos dispor a nosso bel-prazer; ela é, ao contrário, a *sua* Igreja. Tudo aquilo que for apenas a *nossa* Igreja não é Igreja no sentido profundo, pertence ao seu aspecto humano, portanto acessório e transitório».

Pergunto-lhe se o esquecimento ou a recusa atual desse conceito católico de Igreja traz consigo consequências também no relacionamento com a hierarquia eclesial.

«Certamente. E entre as mais graves. Aqui se encontra a origem da queda do autêntico conceito de "obediência"; a que, segundo alguns, não seria mais nem mesmo uma virtude cristã, mas uma herança de um passado autoritário, dogmático a ser, portanto, superado. Com efeito, se a Igreja é a *nossa* Igreja, se a Igreja somos *apenas nós*, se as suas estruturas não são as que Cristo quis, então não se pode mais conceber a existência de uma hierarquia como serviço aos batizados, estabelecida pelo próprio Senhor. Recusa-se o conceito de uma autoridade querida por Deus, uma autoridade que tem a sua legitimidade em Deus, e não — como acontece nas estruturas políticas — no consenso da maioria dos membros da organização. Mas a Igreja de Cristo não é um partido, não é uma associação, não é um clube: a sua estrutura profunda e ineliminável não é *democrática*, mas *sacramental*, portanto *hierárquica*; porque a hierarquia baseada na sucessão apostólica é condição indispensável para se alcançar a força e a realidade do sacramento. Aqui, a autoridade não se baseia em votações de maioria, baseia-se na autoridade do próprio Cristo, que quis fazê-la participada por homens que fossem seus representantes até o seu retorno definitivo. Só se poderá redescobrir a necessidade e a fecundidade católica da Igreja retomando essa visão de obediência à sua legítima hierarquia».

Para uma reforma verdadeira

No entanto, digo eu, ao lado da tradicional expressão

latina *communio sanctorum* (no sentido pleno já sublinhado) existe uma outra frase latina que sempre teve direito de cidadania entre os católicos: *Ecclesia semper reformanda,* a Igreja sempre necessitada de reforma. O Concílio foi claro quanto a isso: «Ainda que a Igreja, pela virtude do Espírito Santo, se tenha mantido esposa fiel do seu Senhor e nunca tenha deixado de ser um sinal de salvação no mundo, no entanto ela não ignora que entre os seus membros, clérigos ou leigos, não faltaram, no decurso de tantos séculos, alguns que foram infiéis ao Espírito de Deus. E a Igreja sabe bem quão grande é a distância entre a mensagem por ela anunciada e a miséria humana daqueles aos quais o Evangelho foi confiado. Seja qual for juízo da história acerca dessas deficiências, devemos delas ter consciência e combatê-las com vigor, para que não sejam obstáculo à difusão do Evangelho» (*Gaudium et Spes*, n. 43). Reconhecendo também o mistério, não fomos, por conseguinte, também nós chamados a nos esforçar para transformarmos a Igreja?

«Certamente — replica ele — nas suas estruturas humanas a Igreja é *semper reformanda*. É preciso, porém, compreender de que modo e até que ponto. O texto citado do Vaticano II já nos dá uma indicação bem precisa quando fala da "fidelidade da Esposa de Cristo", que não é colocada em questão pela infidelidade dos seus membros. Mas, para explicar-me melhor, quero referir-me à fórmula latina que a liturgia romana fazia o celebrante pronunciar em cada missa, no momento do "sinal da paz" que precede à comunhão. Dizia aquela oração: *"Domine Jesu Christe (...), ne respicias peccata mea, sed fidem Ecclesiae tuae"*; isto é, "Senhor Jesus Cristo, não olheis os *meus* pecados, mas a fé da *tua* Igreja". Agora, em muitas traduções do ordinário da missa (mas também no texto latino renovado) a fórmula foi mudada do eu ao nós: "Não olheis os *nossos* pecados". Tal mudança parece irrelevante, mas é de grande importância».

Por que atribuir tanta importância à mudança do eu ao nós?

«Porque é essencial que o pedido de perdão seja pronunciado em primeira pessoa: é uma lembrança da necessidade de admitir *pessoalmente* a própria culpa, da indispensável conversão *pessoal*, que, hoje em dia, se esconde muitas vezes na massa anônima do "nós", do "grupo", do "sistema", da humanidade; onde todos pecam e, no entanto, ao final das contas, ninguém parece ter pecado. Dissolve-se, desse modo, o sentido da responsabilidade, das culpas de cada um. Naturalmente, pode-se compreender de maneira correta a nova versão do texto, já que no pecado estão interligados sempre o *eu* e o *nós*. O importante é que, na nova acentuação do *nós*, o *eu* não desapareça».

Observo que esse ponto é importante e vale a pena retomá-lo depois; mas por enquanto retornemos ao assunto: o nexo entre o axioma *Ecclesia semper reformanda* e o pedido de perdão pessoal a Cristo.

«De acordo, voltemos àquela oração que a sabedoria litúrgica inseria no momento mais solene da missa, aquele que precede a união física, íntima, com o Cristo feito pão e vinho. A Igreja presumia que quem celebrasse a eucaristia tinha necessidade de dizer: "*Eu* pequei; não olheis, Senhor, os *meus* pecados". Era a invocação obrigatória para todos os sacerdotes: os bispos, o próprio Papa, igualmente como o último dos sacerdotes, todos deviam pronunciá-la em sua missa cotidiana. E também os leigos, todos os outros membros da Igreja, eram chamados a se unir naquele reconhecimento de culpa. Portanto, *todos* na Igreja, sem nenhuma exceção, deviam confessar-se pecadores, invocar o perdão, tomar pois o caminho da sua verdadeira reforma. Mas isso não significa de modo algum que fosse também pecadora a Igreja como tal. A Igreja — como vimos — é uma realidade que supera, misteriosa e ao mesmo tempo infinitamente, a soma dos seus membros. Com efeito, para obter o perdão de Cristo, opunha-se o *meu pecado* à *fé da Sua Igreja*».

E hoje?

«Hoje isso parece esquecido por muitos teólogos, por muitos eclesiásticos e por muitos leigos. Não houve apenas uma passagem do eu ao nós, da responsabilidade pessoal à coletiva. Mais: tem-se a impressão de que alguns até mesmo inconscientemente, invertem a invocação, compreendendo-a como "não olheis *os pecados da Igreja*, mas a *minha fé*"... Se isso realmente acontece, as consequências são graves: as culpas do indivíduo tornam-se as culpas da Igreja, e a fé é reduzida a um fato pessoal, ao *meu* modo de compreender e de reconhecer Deus e as suas exigências. Temo justamente que este seja, hoje em dia, um modo de sentir e de raciocinar muito difundido: é um sinal a mais de quanto a consciência comum católica afastou-se, em vários pontos, da reta concepção de Igreja».

Que fazer, então?

«Devemos tornar a dizer ao Senhor: "Nós pecamos, mas não peca a Igreja, que é Tua e é portadora de fé". A fé é a resposta da Igreja a Cristo; ela é Igreja na medida em que é ato de fé. Fé que não é um ato individual, solitário, uma resposta do indivíduo. Fé significa crer *juntos*, com toda a Igreja».

Qual deve ser, então, a orientação daquelas "reformas" que, apesar de tudo, somos chamados a realizar sempre em nossa comunidade de fiéis que vivem na história?

«Devemos ter sempre presente que a Igreja não é nossa, mas Sua. Portanto, as "reformas", as "renovações" — embora sempre necessárias — não podem se resumir em um esforço zeloso de nossa parte para erigir novas e sofisticadas estruturas. O máximo que pode brotar de um trabalho desse tipo é uma Igreja "nossa", à nossa medida, que até pode ser interessante, mas que, sozinha, nunca será a Igreja verdadeira, aquela que se sustenta pela fé e que dá vida pelo sacramento. Quero dizer com isso que o que podemos fazer é infinitamente inferior Àquele que faz. Portanto, "reforma" verdadeira não significa tanto um esforçar-se para erigir novas fachadas, e sim pro curar fazer desaparecer, por todos os modos, na maior medida do possível, aquilo que é nosso, para que apareça melhor o que é Seu, do Cristo. É uma verdade que os santos conheceram bem. Eles realmente reformaram a Igreja profundamente, não elaborando planos para novas estruturas, mas reformando-se a si mesmos. Já o disse, mas nunca será demais repetir: é de santidade, e não de *management*, que a Igreja precisa para responder às necessidades do homem».

Capítulo
IV

ENTRE PADRES
E BISPOS

Sacerdote, um homem inquieto

Se está em crise o conceito mesmo de *"Igreja"*, até que ponto e por que estão em crise os "homens de Igreja"?

Ficando estabelecido que para o corpo episcopal será necessário um discurso à parte, que se seguirá neste mesmo capítulo, perguntamos onde Ratzinger identifica as raízes de um mal-estar clerical que, em poucos anos, esvaziou seminários, conventos e presbitérios? Em uma recente intervenção não-oficial, ele citou a tese de um famoso teólogo segundo a qual «a crise da Igreja de hoje é, antes de tudo, uma crise dos sacerdotes e das ordens religiosas».

«É uma tese dura — confirma ele — . É um *j'accuse* bastante áspero, mas pode ser que encerre uma verdade. Sob o choque do pós-concílio, as grandes ordens religiosas (isto é, exatamente as colunas tradicionais da sempre necessária reforma eclesial), vacilaram, sofreram pesadas hemorragias, viram as novas entradas reduzirem-se a limites antes jamais atingidos e ainda hoje parecem sacudidas por uma crise de identidade».

Mais ainda, para ele, «foram as ordens tradicionalmente mais "cultas", mais preparadas intelectualmente, as que frequentemente sofreram a crise mais pesada». E ele vê um motivo para isso: «Quem mais praticou e pratica um certo tipo de teologia contemporânea vive suas consequências mais profundamente, com a subtração quase integral, para o padre e o religioso, das certezas usuais».

A esse primeiro motivo da «debandada», o Prefeito acrescenta um outro: «A condição mesma do sacerdote é singular, estranha à sociedade de hoje. Parece incompreensível uma função, um papel que se apoie não no consenso da maioria, mas na representação de um *Outro* que faz o homem participante de sua autoridade. Nestas condições, é grande a tentação de passar da sobrenatural "autoridade de representação", que distingue o sacerdócio católico, a um bem mais natural "serviço de coordenação do consenso", isto é, a uma categoria compreensível, porque somente humana e, além do mais, homogênea com a cultura de hoje».

Na sua opinião, pois — se compreendi bem —, exercer-se-ia sobre o sacerdote uma pressão cultural para que passe de uma função "sacral" a uma função "social", de acordo com os mecanismos "democráticos", de consenso das bases, que caracterizam a sociedade "laica, democrática, pluralista". «Algo assim — confirma ele —. Uma tentação de fugir do mistério da estrutura hierárquica fundada sobre Cristo para o plausível da organização humana».

Para esclarecer melhor o seu ponto de vista, recorre a um exemplo de grande atualidade, o sacramento da reconciliação, a confissão: «Existem sacerdotes que tendem a transformá-la quase que unicamente em uma "conversa", em uma espécie de autoanálise terapêutica entre duas pessoas no mesmo nível. Isso parece mais humano, mais pessoal, mais adaptado ao homem de hoje. Mas tal modo de se confessar corre o risco de ter pouco a ver com a concepção católica do sacramento, para a qual pouco contam os serviços e a habilidade de quem é investido na função. Ao contrário, é necessário que o padre aceite colocar-se em segundo plano, deixando espaço para o Cristo, que, somente ele, pode perdoar o pecado. É preciso também aqui retornar ao conceito autêntico do sacramento, onde homens e mistério se encontram. É preciso recuperar inteiramente o sentido do escândalo pelo qual um homem pode dizer a outro homem: "Eu te absolvo dos teus pecados". Naquele momento — como, aliás, na celebração de qualquer outro sacramento — o padre não recebe certamente a sua autoridade do consenso dos homens, mas diretamente do Cristo. O *"eu" que pronuncia* o "eu te absolvo" não é o de uma criatura, mas é diretamente o *"Eu"* do Senhor».

E, no entanto, digo eu, não parecem infundadas muitas das críticas ao "velho" modo de se confessar. Ele replica logo: «Sinto-me sempre mais desgostoso quando ouço definir com superficialidade, como "esquemática", "exterior", "anônima", a maneira de se aproximar do confessionário que era muito difundida tempos atrás. E parece-me sempre mais amargo o autoelogio que alguns padres fazem de seus "colóquios penitenciais", feitos raros, mas, em compensação, "bem mais pessoais", como eles dizem. Olhando bem, por trás da "esquematicidade" de certas confissões de outrora, havia também a seriedade do encontro entre duas pessoas conscientes de se encontrarem diante do mistério perturbador do perdão de Cristo, que chega através das palavras e do gesto de um homem pecador. Sem esquecer que, em tantas "conversas" que se tornaram analíticas demais é humano insinuar-se uma espécie de complacência, uma autoabsolvição que — na abundância das explicações — pode não deixar mais espaço para o sentido do pecado pessoal pelo qual, para além de todas as atenuantes, somos sempre responsáveis».

Um julgamento realmente severo, observo. Não corre o risco de ser drástico demais?

«Não quero dizer que não se poderia ter uma reforma adequada também da celebração externa da confissão. A história mostra, a este propósito, uma tal amplidão de desenvolvimentos que seria absurdo querer canonizar para sempre uma forma singular, a atual. É fora de dúvida que alguns homens, hoje, não conseguem mais aproximar-se do confessionário tradicional, enquanto a forma coloquial de confissão lhes abre realmente uma porta. Por isso não quero de modo algum desmerecer o significado dessas novas possibilidades e a bênção que elas podem representar para muitos. De resto, o problema fundamental não é este. O ponto decisivo da questão encontra-se em um nível mais profundo e a ele gostaria de me referir».

Voltando, com efeito, às raízes nas quais ele pensa identificar a crise do sacerdote, fala-me da «tensão de todos os momentos de um homem, como é hoje o padre, devendo frequentemente remar contra a corrente. Um homem assim pode, por fim, cansar de se opor com as suas palavras e mais ainda com o seu estilo de vida, ao óbvio da aparência tão racional que marca a nossa cultura. O padre — isto é, aquele pelo qual passa a força do Senhor – sempre foi tentado a se habituar à grandeza, a fazer dela uma rotina. Hoje, a grandeza do Sagrado ele a poderia perceber como um peso, desejar (talvez inconscientemente) livrar-se dela, rebaixando o Mistério à sua estatura humana, em vez de se abandonar a ele humilde, mas confiantemente, para se fazer elevar a tal grandeza».

O problema das Conferências Episcopais

Dos "simples" padres passamos aos bispos, isto é, aqueles que, sendo «sucessores dos Apóstolos», detêm a «plenitude do sacerdócio», são «mestres autênticos da doutrina cristã», «gozam de autoridade própria, ordinária, imediata sobre a Igreja que lhes foi confiada» da qual são «princípio e fundamento de unidade», e que, unidos no colégio episcopal com a sua Cabeça, o Romano Pontífice, «agem na pessoa de Cristo» para governar a Igreja universal.

Definições estas, as que demos, são próprias da doutrina católica sobre o episcopado, reafirmadas com vigor pelo Vaticano II.

O Concílio, recordava o Cardeal Ratzinger, «queria justamente reforçar a função e a responsabilidade do bispo, retomando e completando a obra do Vaticano 1, interrompido pela tomada de Roma quando somente tinha conseguido ocupar-se do Papa. Deste último os Padres conciliares tinham reconhecido a infalibilidade no magistério quando, como Pastor e Doutor supremo, proclama que se deve ter como certa uma doutrina sobre a fé ou sobre os costumes». Criou-se, dessa forma, um certo desequilíbrio em alguns autores de manuais de teologia, que não realçavam bastante que também o colégio episcopal goza da mesma «infalibilidade no magistério», sempre que os bispos «conservem o liame de comunhão entre eles e o sucessor de Pedro».

Tudo em ordem novamente, pois, com o Vaticano II?

«Nos documentos, sim, mas não na prática, na qual se deu um outro dos efeitos paradoxais do pós-concílio», ele responde. Com efeito, explica: «A decidida retomada do papel do bispo, na realidade, foi abafado um pouco, ou corre até mesmo o risco de ser sufocada pela inserção dos prelados em conferências episcopais sempre mais organizadas, com estruturas burocráticas frequentemente pesadas. No entanto, não devemos esquecer que as conferências episcopais não possuem uma base teológica, não fazem parte da estrutura imprescindível da Igreja, assim como querida por Cristo: têm apenas uma função prática, concreta».

E, aliás, diz ele, o que confirma o novo Código de Direito Canônico, que fixa os âmbitos de autoridade das Conferências, que «não podem agir validamente em nome de todos os bispos, a menos que todos e cada um dos bispos tenham dado o seu consentimento», e a menos que não se trate de «matérias sobre as quais haja disposto o direito universal ou o estabeleça um especial mandato da Sé Apostólica». O coletivo, portanto, não substitui a pessoa do bispo que — como recorda o Código, reiterando o Concílio — «é o autêntico doutor e mestre da fé para os fiéis confiados aos seus cuidados». Ratzinger confirma: «Nenhuma Conferência Episcopal tem, enquanto tal, uma missão de ensino: os seus documentos não têm valor específico, mas o valor do consenso que lhes é atribuído pelos bispos individualmente».

Por que a insistência do Prefeito nesse ponto? «Porque — responde ele — se trata de salvaguardar a natureza mesma da Igreja Católica, que é baseada em uma estrutura episcopal, não em uma espécie de federação de igrejas nacionais. O nível nacional não é uma dimensão eclesial. É preciso que fique claro de novo que, em cada diocese, só existe um pastor e mestre da fé, em comunhão com os outros pastores e mestres e com o Vigário de Cristo. A Igreja Católica se rege sobre o equilíbrio entre a *comunidade* e a *pessoa*, neste caso a *comunidade* das igrejas locais individuais unidas na Igreja universal e a *pessoa* dos responsáveis pela diocese».

Acontece, diz ele, que «certa diminuição do sentido de responsabilidade individual em alguns bispos e a delegação dos seus poderes inalienáveis de pastor e mestre às estruturas da Conferência local correm o risco de fazer cair no anonimato aquilo que deveria, ao contrário, permanecer muito pessoal. O grupo dos bispos unidos nas Conferências depende, na prática, para as decisões, de outros grupos, de comissões específicas, que elaboram roteiros preparatórios. Acontece, além disso, que a busca de um ponto comum entre as várias tendências e o esforço de mediação dão lugar, muitas vezes, a documentos nivelados por baixo, em que as posições precisas são atenuadas».

Recorda que, em seu país, existia uma Conferência Episcopal já nos anos 30: «Pois bem, os textos realmente vigorosos contra o nazismo foram os que vieram individualmente de prelados corajosos. Os da Conferência, no entanto, pareciam um tanto abrandados, fracos demais com relação ao que a tragédia exigia».

«Reencontrar a coragem pessoal»

Existe uma lei sociológica inexorável, precisa, que guia — quer se queira quer não — o trabalho dos grupos, "democráticos" somente na aparência. É a mesma lei (como recordou um sociólogo) que esteve em ação também no

Concílio, onde em uma sessão-teste, a segunda, realizada em 1965, participou das reuniões na aula conciliar uma média de 2.135 bispos. Destes, somente pouco mais de 200, o equivalente a 10%, intervieram ativamente tomando a palavra; os restantes 90% jamais falaram, limitando-se a ouvir e a votar.

«De resto — diz ele — compreende-se imediatamente que a verdade não pode ser criada como resultado de votações. Uma afirmação ou é verdadeira ou é falsa. A verdade só pode ser encontrada, mas não produzida. Contrariamente a uma concepção muito difundida, não se afasta desta regra fundamental nem mesmo o procedimento clássico dos Concílios Ecumênicos. Realmente, sempre foi claro que se tornavam afirmações vinculantes somente as que eram acolhidas por eles com uma unanimidade moral. Ora, isso não significa de modo algum que essas conclusões unanimemente aceitas tenham podido, por assim dizer, "produzir" a verdade. Mas ainda, a unanimidade de um número tão grande de bispos de proveniência diversa, de diversa formação cultural e de temperamentos diferentes é um sinal de que eles falavam não sobre aquilo que "inventaram", mas daquilo que "encontraram". A unanimidade moral, segundo a concepção clássica de Concílio, não possui o caráter de votação, mas o caráter de um testemunho. Se alguém compreende claramente este ponto, não precisará mais demonstrar porque uma conferência episcopal que, além do mais, representa um âmbito muito mais limitado que um Concílio, não pode votar sobre a verdade. Seja-me permitido relembrar, a este propósito, um dado de fundo psicológico: nós, padres católicos de minha geração, estamos habituados a evitar as contraposições entre confrades, a procurar sempre o ponto de encontro, a não nos colocar muito em evidência com posições excêntricas. Assim, em muitas Conferências Episcopais, o espírito de grupo, talvez a vontade de viver tranquilamente ou até mesmo o conformismo acabam por levar a maioria a aceitar as posições de minorias ativas, determinadas a fazer caminhar rumo a direções bem precisas».

Continua: «Conheço bispos que, em particular, confessam que teriam decidido de maneira diferente do que fizeram na Conferência, se tivessem podido decidir sozinhos. Aceitando a lei do grupo, evitaram a fadiga de passarem por "desmancha-prazeres", "atrasados" ou "pouco abertos". Parece muito belo decidir sempre juntos. Mas desse modo se arrisca a perder o "escândalo" e a "loucura" do Evangelho, aquele "sal" e aquele "fermento" hoje mais do que nunca indispensáveis para um cristão, sobretudo se bispo, investido, portanto de responsabilidades precisas para com os fiéis, diante da gravidade da crise».

Os últimos tempos, porém, parecem assinalar uma inversão de tendência com relação à primeira fase do pós-concílio. Por exemplo, em 1984, a assembleia plenária do episcopado francês (sabe-se que esse país muitas vezes exprime tendências interessantes e representativas para o resto da catolicidade) girou em torno do tema do *recentrage*, a "volta ao centro". Volta ao centro constituído por Roma, mas também volta ao centro indispensável que é a diocese, a igreja particular, o seu bispo.

É uma tendência apoiada, como vimos, pela Congregação para a Doutrina da Fé, e não apenas de modo teórico. Em março de 1984, o grupo dirigente da Congregação esteve em Bogotá, para a reunião das Comissões doutrinais do episcopado latino-americano. Roma insistiu para que participassem do encontro os bispos em pessoa, e não os seus representantes, «de modo a realçar — diz o Prefeito — a responsabilidade própria de cada um dos prelados que, para usar a palavra do Código, "é o moderador de todo o ministério da Palavra, aquele a quem compete anunciar o Evangelho na Igreja que lhe foi confiada". Esta responsabilidade doutrinal não pode ser delegada. No entanto, há quem considere inaceitável até o fato de o bispo escrever pessoalmente as suas cartas pastorais».

Em um documento por ele assinado, o Cardeal Ratzinger recordava aos irmãos no episcopado a severa e apaixonada exortação do apóstolo Paulo: «Conjuro-te diante de Deus e de Jesus Cristo que virá a julgar os vivos e os mortos, anuncia a palavra, insiste em qualquer ocasião, oportuna e importunamente, admoesta, reprova, exorta com toda magnanimidade e doutrina». O Apóstolo continua (e com ele continuava também Ratzinger): «Dia virá, com efeito, em que os homens não suportarão mais sã doutrina e, pelo prurido de ouvir, se circundarão de mestres segundo os próprios desejos, recusando-se a ouvir a verdade para voltar às fabulas. Tu, porém, vigia atentamente, sabe suportar os sofrimentos, realiza a tua obra de anunciador do Evangelho, cumpre o teu ministério» (2 Tim 4, 1-5).

Um texto inquietante, válido para todos os tempos, mas que para o Prefeito, talvez, parece ter ecos particulares para estes nossos tempos. Dele se tira, de qualquer modo, o perfil do bispo segundo a Escritura, assim como Ratzinger o repropõe.

"Mestres da fé"

Pergunto-lhe em que critérios Roma se inspirava, nos anos passados, e se inspira ainda hoje, para a escolha dos candidatos à consagração episcopal? Baseia-se ainda nas indicações dos Núncios Apostólicos, ou melhor, dos «Legados do Romano Pontífice» (segundo o seu nome oficial), que a Santa Sé possui em todos os países?

«Sim, esta função foi confirmada pelo novo Código: "Compete ao legado pontifício, no que diz respeito à nomeação dos bispos, comunicar ou propor à Sé Apostólica os nomes dos candidatos, como também instruir o processo informativo dos que devem ser promovidos". É um sistema que, como todas as coisas humanas, apresenta alguns problemas, mas não se saberia como substituí-lo. Existem países que, pela sua vastidão (o Brasil, os Estados Unidos), não possibilitam ao legado um conhecimento direto de todos os candidatos. Podem nascer daí episcopados não-homogêneos. Procure entender-me evidentemente, não se deseja uma harmonia monótona e, por conseguinte, enfadonha; elementos diferentes são úteis, mas é preciso que todos estejam de acordo nos pontos fundamentais. O problema é que, nos anos imediatamente após o Concílio, por um certo tempo não parecia tão claro o perfil do "candidato" ideal».

Que quer dizer?

«Nos primeiros anos após o Vaticano II, o candidato ao episcopado parecia ser um sacerdote que fosse, antes de tudo, "aberto ao mundo": em todo caso, esse requisito era colocado em primeiro lugar. Após a reviravolta de 1968 e a seguir, pouco a pouco, com o agravar-se da crise, compreendeu-se que aquela característica somente não bastava. Isto é, percebeu-se, até mesmo através de amargas experiências, que se precisava de bispos "abertos", mas, ao mesmo tempo, capazes de se opor ao mundo e às suas tendências negativas, para curá-las, contê-las, alertando os fiéis. O critério de escolha, portanto, foi se tornando pouco a pouco mais realista e, nas situações culturais que se modificaram, a "abertura" como tal não se mostra mais como a resposta e a receita suficientes. De resto, um amadurecimento semelhante verificou-se também em muitos bispos que experimentaram duramente, em suas dioceses, que os tempos realmente mudaram em relação àqueles tempos do otimismo um tanto acrítico do imediato pós-Concílio».

Está em curso uma mudança de geração: ao final de 1984, praticamente quase a metade do episcopado católico mundial (inclusive Joseph Ratzinger) não participou diretamente do Vaticano II. É, portanto, uma nova geração que está assumindo a direção da Igreja.

Uma geração a quem o Prefeito daria o conselho de não querer concorrer com os professores de teologia: «Como bispos — escreveu ele recentemente — não têm a função de elaborar outros instrumentos "científicos" para serem acrescentados a tantos outros, produzidos pelos especialistas». Mestres atualizados da fé e pastores zelosos do rebanho que lhes foi confiado, sem dúvida; mas «o seu serviço é personificar a voz da fé simples, com a sua simples e fundamental intuição que precede à ciência. A fé, com efeito, é ameaçada de destruição sempre que a ciência eleva-se a si mesma como norma absoluta». Neste sentido, portanto, «os bispos realizam uma função realmente democrática, porque permanecem ao lado dos irmãos que eles devem guiar na tempestade.

Uma função que não se baseia em estatísticas, mas no dom comum do batismo».

Roma, apesar de tudo

Durante uma das pausas de nossa conversa, fiz-lhe uma pergunta que pretendia ser jocosa. A intenção era aliviar um pouco a tensão provocada pelo seu esforço de se fazer compreender e pelo meu desejo de compreendê-lo. Na realidade, parece-me que a resposta que ele deu pode servir para compreender melhor a sua ideia de Igreja, fundada não sobre executivos, mas sobre homens de fé, não sobre os computadores, e sim sobre a caridade, a paciência, a sabedoria.

Tinha-lhe perguntado se, (tendo sido arcebispo em Munique da Baviera e Cardeal-Prefeito em Roma: podendo, portanto, fazer o confronto), ele não preferiria uma Igreja com o seu centro não na Itália, mas na Alemanha.

«Que desastre! — riu-se —. Teríamos uma Igreja organizada demais. Pense que, somente em minha arquidiocese, dela dependiam quatrocentas pessoas, entre funcionários e empregados, todos regularmente assalariados. Ora, sabe-se que, por sua própria natureza, cada escritório deve justificar a própria existência, produzindo documentos, organizando encontros, projetando novas estruturas. Certamente todos tinham as melhores intenções. Mas frequentemente acontecia que os párocos se sentiam mais sobrecarregados do que apoiados por toda esta quantidade de "ajudas"...».

É melhor, pois, Roma, apesar de tudo, do que as rígidas estruturas e a superorganização que tanto atraem o europeu do Norte?

«Sim, é melhor o espírito italiano, que, não organizando de mais, deixa espaço para as personalidades individuais, às iniciativas singulares, às ideias originais, que — como já dizia a propósito da estrutura de certas Conferências Episcopais — são indispensáveis à Igreja. Os santos, todos, foram homens de imaginação, não funcionários burocráticos. Foram personagens profundamente obedientes e, ao mesmo tempo, homens de grande originalidade e independência pessoal. A Igreja, não me canso de repetir, necessita mais de santos do que de funcionários. Além disso, gosto daquela humanidade latina que sempre deixa espaço para a pessoa concreta, embora no sempre necessário entrelace de leis e códigos. A lei é para o homem, não o homem para a lei: a estrutura tem as suas exigências, mas elas não devem sufocar as pessoas».

Afirmo-lhe que a Cúria Romana tem uma fama indiscutível que sempre a envolve, desde a primeira Idade Média, passando pelos tempos de Lutero, até nossos dias...

Ele me interrompe: «Também eu, quando vivia na minha Alemanha, olhava para o aparato romano geralmente com ceticismo, talvez até mesmo com desconfiança e impaciência. Aqui chegando, percebi que a Cúria é bem superior à sua fama. Ela é composta, na sua grande maioria, de pessoas que nela trabalham com autêntico espírito de serviço. Não pode ser de outra forma, dada a modéstia dos salários que, em meu país, seriam considerados como raiando à miséria. E dado também que o trabalho da grande maioria e muito pouco gratificante, feito atrás dos bastidores, de maneira anônima, preparando documentos ou intervenções que serão atribuídos a outrem, nos vértices da estrutura».

As acusações de lentidão, os atrasos proverbiais nas decisões....

Ele diz: «Isto se verifica também porque a Santa Sé, frequentemente acusada de nadar em ouro, na realidade não está em condições de manter os custos de um quadro funcional mais numeroso. Muitos que creem que o "ex-Santo Ofício" seja uma estrutura imponente, não imaginam talvez que a seção doutrinal (a mais importante e a mais alvejada pelas críticas, das quatro seções que compõem a Congregação) conta apenas com umas dez pessoas, incluindo o Prefeito. Em toda a Congregação, somos cerca de trinta. Poucos demais, pois, para organizar um *golpe* teológico, como alguns suspeitam! Portanto, poucos também — brincadeiras à parte — para acompanhar com a necessária tempestividade tudo o que se move na Igreja. Como também para realizar aquela função de "promoção da santa doutrina" que a reforma coloca no primeiro lugar entre as nossas tarefas».

Como agem, então?

«Encorajando a constituição de "comissões para fé" em todas as dioceses ou conferências episcopais. Certamente, conservamos por estatuto o direito de intervir em qualquer lugar, em toda a Igreja universal. Mas, quando existem fatos ou teorias que suscitam perplexidade, encorajamos, antes de tudo, os bispos ou superiores religiosos, para que entrem em diálogo com o autor, se já não o fizeram. Somente quando não se consegue esclarecer as coisas desse modo (ou se o problema supera os limites locais, assumindo dimensões internacionais, ou se é a própria autoridade local que deseja uma intervenção de Roma), somente então entramos em diálogo crítico como o autor. Em primeiro lugar, comunicamos-lhe a nossa opinião, elaborada sobre o exame das suas obras, com intervenção de vários peritos. Ele tem a possibilidade de nos corrigir e de indicar se e onde interpretamos mal o seu pensamento. Após troca de correspondência (e algumas vezes, uma série de colóquios), respondemos-lhe dando uma avaliação definitiva e propondo-lhe que exponha, em um artigo satisfatório, todos os esclarecimentos surgidos no diálogo».

Um procedimento, portanto, que, já por si mesmo, exige longo tempo. Carência de pessoal e ritmos "romanos" não alongam ainda mais o prazo, quando seria necessária uma decisão imediata, muitas vezes no próprio interesse do "suspeito", que não pode ser deixado em suspenso por muito tempo?

«É verdade. Mas deixe-me dizer que a proverbial lentidão vaticana não tem apenas aspectos negativos. E uma das coisas que só compreendi bem depois que estou em Roma: saber *soprassedere*, como vocês italianos dizem, pode revelar-se positivo*. Permite que a situação se decante, amadureça e, portanto, se esclareça. Talvez também aqui se manifeste uma antiga sabedoria latina: as reações rápidas demais nem sempre são desejáveis; uma não-excessiva prontidão de reflexos, muitas vezes, acaba por respeitar melhor as pessoas».

---

* O termo italiano, literalmente "sentar-se por cima", significa ter o costume de não decidir imediatamente, mas deixar passar um bom tempo antes da decisão. (N. do T.)

Capítulo
V

SINAIS DE PERIGO

«Uma teologia individualista»

Da crise da fé na Igreja como mistério no qual vive o Evangelho, confiado a uma hierarquia querida pelo próprio Cristo, o Cardeal vê derivar, como consequência lógica, a crise de confiança no dogma proposto pelo Magistério:

«Muita teologia — diz ele — parece ter esquecido que o sujeito que faz teologia não é o estudioso individual, mas a comunidade católica no seu conjunto, é a Igreja inteira. Desse esquecimento do trabalho teológico como serviço eclesial deriva um pluralismo teológico que, na realidade, é frequentemente um subjetivismo, um individualismo que pouco tem a ver com as bases da tradição comum. Cada teólogo parece agora querer ser "criativo"; mas a sua tarefa autêntica é a de aprofundar, ajudar a compreender e anunciar o depósito comum da fé, não "criar". Caso contrário, a fé se fraciona em uma série de escolas e correntes frequentemente contrapostas, com grave prejuízo para o desconcertado povo de Deus. A teologia, nestes anos, dedicou-se energicamente a pôr de acordo fé e sinais dos tempos, visando encontrar novos caminhos para a transmissão do cristianismo. Muitos, porém, acabaram por se convencer de que tais esforços frequentemente contribuíram mais para agravar do que para resolver a crise. Seria injusto generalizar essa afirmação, mas seria falso também negá-la pura e simplesmente».

Diz, continuando o seu diagnóstico: «Nesta visão subjetiva da teologia, o dogma é muitas vezes considerado como uma camisa-de-força intolerável, um atentado à liberdade do estudioso, individualmente considerado.

Perdeu-se de vista o fato de que a definição dogmática é, ao contrário, um serviço à verdade, um dom oferecido aos crentes pela autoridade querida por Deus. Os dogmas — disse alguém — não são muralhas que nos impedem a visão; mas, ao contrário, são janelas abertas que dão para o infinito».

«Uma catequese fragmentada»

As confusões que o Prefeito registra na teologia traduzem-se para ele, em graves consequências para a catequese.

Diz ele: «Uma vez que a teologia já não parece mais transmitir um modelo comum da fé, também a catequese se expõe ao risco da fragmentação das experiências que mudam continuamente. Alguns catecismos e muitos catequistas não ensinam mais a fé católica no seu conjunto harmônico — onde toda verdade pressupõe e explica a outra — mas procuram tornar humanamente "interessantes" (segundo as orientações culturais do momento) certos elementos do patrimônio cristão. Alguns textos bíblicos são selecionados porque considerados "mais próximos da sensibilidade contemporânea"; outros, pelo motivo oposto, são deixados de lado. Portanto, não mais uma catequese que seja formação global para a fé, mas reflexões e temas de experiências antropológicas, parciais, subjetivas».

No início de 1983, Ratzinger pronunciou na França uma conferência (que provocou grande rumor) exatamente sobre a «nova catequese». Naquela ocasião, com a sua clareza costumeira, disse, entre outras coisas: "Foi um primeiro e grave erro suprimir o catecismo, declarando-o "ultrapassado"; uma decisão que foi universal nestes anos, mas não impede que tenha sido errônea ou, pelo menos, apressada».

Ele me repete agora: «É necessário recordar que, desde os primeiros tempos do cristianismo, surge um "núcleo" permanente e irrenunciável da catequese, portanto, da formação para a fé. E o núcleo, aliás, utilizado também por Lutero para o seu catecismo, tal como para o Catecismo Romano, decidido em Trento. Todo o discurso sobre a fé é organizado em torno de quatro elementos fundamentais: o *Credo*, o *Pater Noster*, o *Decálogo* e os *Sacramentos*. É esta a base da vida do cristão, é esta a síntese do ensinamento da Igreja, baseado na Escritura e na Tradição. O cristão encontra neles aquilo que deve *crer* (o Símbolo ou Credo), *esperar* (o Pai Nosso), *fazer* (o Decálogo) e o *espaço vital* em que tudo isso deve se realizar (os Sacramentos). Ora, esta estrutura fundamental é abandonada em muita catequese de hoje, com os resultados que constatamos de desagregação do *sensus fidei* nas novas gerações, muitas vezes incapazes de uma visão de conjunto de sua religião».

Nas conferências francesas, ele contou que tinha falado com uma senhora, na Alemanha, que lhe disse que «o filho, aluno de 1° grau, estava aprendendo a "cristologia dos *lógia* do *Kýrios*", mas nem tinha ouvido falar ainda dos sete sacramentos ou dos dez mandamentos...».

«*Quebrado o liame entre Igreja e Escritura*»

Para Ratzinger, a crise de confiança no dogma é acompanhada por uma contemporânea crise de confiança na moral proposta pela própria Igreja. Como, porém, esse assunto da ética é, na sua opinião, da maior importância e exige uma reflexão bastante articulada, voltaremos a ele mais adiante.

Transmitimos agora aquilo que ele nos disse a propósito de uma outra consequência da crise da ideia de Igreja: a crise da confiança na Escritura, assim como é lida pela própria Igreja.

Diz ele: "O liame entre Bíblia e Igreja foi quebrado. Esta separação foi iniciada há séculos no ambiente protestante e, recentemente, estendeu-se também entre estudiosos católicos. A interpretação histórico-crítica da Escritura abriu, por certo, muitas e grandiosas possibilidades novas de compreensão do texto bíblico. Mas ela, por sua própria natureza, pode iluminá-lo apenas em sua dimensão histórica, e não no seu valor atual. Se se esquece esse limite, ela se torna não somente ilógica, mas também, justamente por isso, não-científica. Esquece-se ainda que a Bíblia, como mensagem para o presente e para o futuro, só pode ser compreendida em ligação vital com a Igreja. Acaba-se, dessa forma, lendo a Escritura não mais a partir da Tradição da Igreja e com a Igreja, mas a partir do último método que se apresente como "científico". Essa independência tornou-se, em alguns, até mesmo uma contraposição: tanto que a fé tradicional da Igreja, para muitos, já não parece mais justificada pela exegese crítica, mas, pelo contrário, torna-se um obstáculo à compreensão autêntica, "moderna", do cristianismo».

É uma situação sobre a qual retornará, (indicando-lhe as raízes) no texto que publicamos, a propósito de certas "teologias da libertação".

Antecipamos aqui o seu julgamento, segundo o qual «a separação entre Igreja e Escritura tende a esvaziar ambas por dentro. Com eleito: uma Igreja sem fundamento bíblico crível torna-se um produto histórico casual, uma organização ao lado das outras, aquele quadro organizativo humano de que falávamos. Mas também a Bíblia, sem a Igreja, não é mais a Palavra eficaz de Deus, e sim um conjunto de múltiplas fontes históricas, uma coleção de livros heterogêneos, dos quais se procura extrair, à luz da atualidade, aquilo que se julga útil. Uma exegese que não viva nem leia mais a Bíblia no corpo vivo da Igreja torna-se arqueologia: os mortos sepultam os seus mortos. Em todo caso, a última palavra sobre a Palavra de Deus enquanto Palavra de Deus, desse modo, não compete mais aos legítimos pastores, ao Magistério, e sim ao perito, ao professor, com os seus estudos sempre provisórios e mutáveis».

Segundo ele, portanto, seria necessário «que se começasse a ver os limites de um método que, embora válido em si, torna-se estéril quando é absolutizado. Quanto mais se vai além da mera constatação de fatos do passado e se deseja compreensão atual deles, tanto mais são envolvidas também concepções filosóficas, que só aparentemente são um produto da pesquisa científica sobre o texto. Até chegar a experimentos absurdos como a "interpretação materialista da Bíblia". Felizmente, porém, já se iniciou um amplo debate entre os exegetas acerca dos limites do método histórico-crítico e dos outros métodos modernos de exegese".

«Por obra da pesquisa histórico-crítica — continua ele — a Escritura tornou-se um livro *aberto*, mas também um livro *fechado*. Um livro *aberto*: graças ao trabalho da exegese, acolhemos de um modo novo a palavra da Bíblia, na sua originalidade histórica, na variedade de uma história que evolui e cresce, preenche daquelas tensões e contrastes que constituem contemporaneamente a sua insuspeitada riqueza. Mas, desse modo, a Escritura voltou a ser também um livro *fechado*: ela tornou-se objeto dos peritos; os leigos, mas também o especialista em teologia que não seja exegeta, não pode mais arriscar-se a falar dela. Parece agora subtraída da leitura e da reflexão do crente, uma vez que o que delas resulta é considerado "diletantismo". A ciência dos especialistas erige em torno do jardim da Escritura um recinto inacessível agora ao não-perito».

Portanto, pergunto-lhe eu, também um católico que queira ser *"aggiornato"* pode recomeçar a ler a sua Bíblia sem se preocupar muito com as complexas questões exegéticas?

«Certamente. Todo católico deve ter a coragem de crer que a sua fé (em comunhão com a da Igreja) supera cada "novo magistério" dos peritos e dos intelectuais. As hipóteses destes últimos podem ser úteis para a compreensão da gênese dos livros da Escritura, mas é um preconceito de fundo evolucionista a ideia de que só se compreende o texto estudando como ele foi desenvolvido e criado. A regra de fé, hoje como ontem, não é constituída pelas descobertas, verdadeiras ou hipotéticas que sejam, acerca das fontes e dos estratos bíblicos, mas pela Bíblia *tal como se apresenta*, como foi lida na Igreja, dos Padres aos nossos dias. E a fidelidade a esta leitura da Bíblia que nos deu os santos, frequentemente iletrados e de qualquer modo, muitas vezes inexpertos em complexidades exegéticas. E, no entanto, foram eles os que melhor a compreenderam».

«O Filho reduzido, o Pai esquecido»

Desta série de crises, é óbvio para ele que deriva uma crise também nos próprios fundamentos: a fé no Deus Trinitário, nas suas Pessoas. Já que será tratado à parte o tema "Espírito Santo", referimos aqui ao que ele nos disse acerca de Deus Pai e do Filho, Jesus Cristo.

Diz, portanto: «Temendo, naturalmente de modo errôneo, que a atenção sobre o Pai Criador possa obscurecer o Filho, certa teologia tem hoje a tendência de se restringir apenas à cristologia. Mas é uma cristologia frequentemente suspeita, que sublinha de modo unilateral a natureza humana de Jesus, obscurecendo, calando ou exprimindo de maneira insuficiente a natureza divina que convive na mesma pessoa do Cristo. Dir-se-ia o retorno reforçado da antiga heresia ariana. É difícil, naturalmente, encontrar um teólogo "católico" que diga negar a antiga fórmula que confessa Jesus como "Filho de Deus". Todos dirão que a aceitam, acrescentando, porém, "em que sentido", na sua opinião, essa fórmula deveria ser entendida. E é aqui que se fazem as distinções que levam frequentemente a reduções da fé em Cristo como Deus. Como já dizíamos, desarticulada de uma eclesiologia que seja também sobrenatural, e não apenas sociológica, a cristologia tende a perder, também ela, a dimensão do Divino, tende a se resolver no "projeto-Jesus", isto é, em um projeto de salvação tão somente histórica, humana».

«Quanto ao Pai como primeira Pessoa da Trindade — continua ele — a sua "crise" em certa teologia é explicável em uma sociedade que, após Freud, desconfia de todo pai e de toda paternidade. Obscurece-se a ideia do Pai Criador também porque não se aceita a ideia de um

Deus ao qual se deve dirigir de joelhos: prefere-se falar somente de *partnership**, de relação de amizade, quase entre iguais, de homem para homem, com o homem Jesus. Além disso, há a tendência de se pôr de lado o problema de Deus Criador também por que se teme (e, portanto, se quer evitar) os problemas suscitados pela relação entre fé na criação e ciências naturais, a começar pelas perspectivas abertas pelo evolucionismo. Assim, existem novos textos de catequese que não partem de Adão, do princípio do livro do Gênesis, mas da vocação de Abraão ou do Êxodo. Isto é, há uma concentração na *história*, evitando se confrontar com o *ser*. Desse modo, porém — reduzido apenas ao Cristo, quando não somente ao homem Jesus — Deus não é mais Deus. Com efeito, parece mesmo que uma certa teologia não crê mais em um Deus que pode entrar nas profundezas da matéria. É como que o retorno da indiferença, quando não do horror da gnose pela matéria. Daí a dúvida sobre os aspectos "materiais" da revelação, como a presença real do Cristo na Eucaristia, a virgindade perpétua de Maria, a ressurreição concreta e real de Jesus, a ressurreição dos corpos prometida para todos ao final da história. Não é por acaso que o Símbolo dos Apóstolos começa confessando: "Creio em um só Deus, Pai todo-poderoso, Criador do céu e da terra". Esta fé primordial no Deus criador (portanto, um Deus que seja realmente Deus) constitui como que o prego que sustenta todas as outras verdades cristãs. Se ele vacila, todo o resto cai».

---

*   Em inglês no original: camaradagem, companheirismo. (N. do T.)

«Dar lugar novamente ao pecado original»

Voltando à cristologia, há quem diga que ela se encontra em dificuldades também por causa do esquecimento, se não da negação, daquela realidade que a teologia chamou de "pecado original". Alguns teólogos teriam assumido como próprio o esquema de um iluminismo do tipo Rosseau, como o dogma que está na base da cultura moderna, capitalista ou marxista que seja: o homem bom por natureza, corrompido apenas pela educação errada e pelas estruturas sociais que devem ser reformadas Intervindo no "sistema" tudo deveria ajeitar-se e o homem poderia viver em paz consigo mesmo e com os outros.

Diz a propósito: «Se um dia a Providência me liberar destes meus encargos, gostaria de me dedicar exatamente a escrever um livro sobre o "pecado original" e sobre a necessidade de se redescobrir a sua realidade autêntica. Com efeito, se não se compreende mais que o homem vive em um estado de alienação não apenas econômica e social (uma alienação, pois, que não se soluciona apenas com seus próprios esforços) não se compreende mais a necessidade do Cristo redentor. Toda a estrutura da fé é, dessa forma, ameaçada. A incapacidade de compreender e apresentar o "pecado original" é realmente um dos problemas mais graves da teologia e da pastoral atuais».

Para Ratzinger — nós o veremos amplamente —, o conceito-chave de muitas das teologias de hoje é o conceito de "libertação", que parece ter substituído o tradicional conceito de "redenção". Nesta mudança há quem veja também um efeito da crise do conceito de "pecado" em geral e de "pecado original" em particular. Observa-se com efeito, que o termo "redenção" alude diretamente a uma misteriosa "queda", uma situação objetiva de pecado, da qual somente a força onipotente de Deus pode redimir; enquanto tal ligação seria menos direta no conceito de "libertação" assim como é compreendido habitualmente.

Seja como for, pergunto-lhe se o mal-estar não se manifesta também em nível linguístico: é ainda adequada a velha expressão "pecado original", de origem patrística?

«Modificar a linguagem religiosa é sempre muito arriscado. A continuidade, aqui, é de grande importância. Eu não vejo como modificar as expressões centrais da fé, que derivam das grandes palavras da Escritura, como, por exemplo, "Filho de Deus". "Espírito Santo", "Virgindade" e "Maternidade divina" de Maria. Concedo, no entanto, que possam ser modificáveis expressões como "pecado original", que, em seu conteúdo, são também de direta origem bíblica, mas já manifestam, na expressão, o estágio da reflexão teológica. Em todo caso, é preciso proceder com muita cautela: as palavras não são insignificantes, pelo contrário, estão intimamente ligadas ao significado. Creio, de qualquer forma, que as dificuldades teológicas e pastorais com relação ao "pecado original" não sejam apenas semânticas, mas de natureza mais profunda».

Que quer dizer?

«Em uma hipótese evolucionista do mundo (aquela à qual corresponde, em teologia, um certo "teilhardismo"), obviamente não há lugar para um "pecado original". Ele, no máximo, será apenas uma expressão simbólica, mítica, para indicar as falhas naturais de uma criatura como o homem, que, de origens imperfeitíssimas, avança para a perfeição, avança para a sua realização completa.

Aceitar, porém, esta visão significa inverter a estrutura do cristianismo: Cristo é transferido do passado para o futuro; redenção significa simplesmente caminhar rumo ao porvir como necessária evolução para o melhor. O homem não é senão um produto ainda não-aperfeiçoado plenamente pelo tempo, não houve "redenção" alguma, porque não houve pecado a ser reparado, mas tão somente uma falha que, repito, seria natural. No entanto, tais dificuldades de origem mais ou menos "científica" não são ainda a raiz da hodierna crise do "pecado original". Esta última é apenas um sintoma da nossa dificuldade profunda de discernir a realidade de nós mesmos, do mundo e de Deus. Não bastam, para isso, as discussões com as ciências naturais, como por exemplo, a paleontologia, ainda que esse tipo de confronto seja necessário. Devemos ser conscientes de que estamos também diante de preconceitos e de pré-decisões de caráter filosófico».

Dificuldades foram justificadas, observo eu, dado o aspecto realmente "misterioso" do "pecado original", ou como se queira chamá-lo.

Diz ele: «Esta verdade cristã tem um aspecto de mistério, mas também um aspecto de evidência. A *evidência*: uma visão lúcida e realista do homem e da história não pode deixar de descobrir a alienação deles, só pode revelar que existe uma ruptura das relações do homem consigo mesmo, com os outros e com Deus, Ora, já que o homem é, por excelência, ser-em-relação, uma tal ruptura atinge as raízes, repercute em tudo. O mistério: se não estamos em condição de penetrar até o fundo na realidade e nas consequências do pecado original, é justamente porque ele existe, porque a defasagem é ontológica, desequilibra e confunde em nós a lógica da natureza, impede-nos de compreender como uma culpa, na origem da história, possa nos envolver em uma situação de pecado comum».

Adão, Eva, o Éden, a maçã, a serpente... Que devemos pensar de tudo isso?

«A narração da Sagrada Escritura sobre as origens não fala de modo historiográfico moderno, mas através de imagens. É uma narrativa que *revela* e *esconde* ao mesmo tempo. Mas os elementos fundantes são razoáveis e a realidade do dogma deve sempre ser salvaguardada. O cristão não faria bastante pelos irmãos se não anunciasse o Cristo que traz a redenção do pecado, se não anunciasse a realidade da alienação ("a queda") e, ao mesmo tempo, a realidade da Graça que nos redime, nos liberta; se não anunciasse que, para reconstruir a nossa essência original, é necessária uma ajuda de fora de nós mesmos; se não anunciasse que a insistência na autorrealização, na autorredenção, não leva à salvação, mas à destruição. Se não anunciasse, enfim, que, para ser salvos, devemos nos abandonar ao Amor».

Capítulo VI

O DRAMA DA MORAL

Do liberalismo ao permissivismo

Existe, portanto — e também ela parece grave — uma crise da moral proposta pelo magistério da Igreja. Uma crise que, como dizíamos, está intimamente ligada à crise contemporânea do dogma católico.

É uma crise que, por enquanto, diz respeito sobretudo ao chamado mundo "desenvolvido", de maneira particular a Europa e os Estados Unidos, mas sabe-se que os modelos elaborados nessas regiões acabam por se impor ao resto do mundo com a força de um bem conhecido imperialismo cultural.

Seja como for, atendo-nos às palavras mesmas do Cardeal, «em um mundo como o do Ocidente, em que dinheiro e riqueza são a medida de tudo, onde o modelo do mercado liberalista impõe as suas leis implacáveis a todos os aspectos da vida, a ética católica autêntica parece agora, para muitos, um corpo estranho de tempos há muito passados, uma espécie de meteorito que contrasta não somente com os hábitos de vida concretos, mas também com o esquema básico do pensamento. O *liberalismo* econômico traduz-se, no plano moral, em seu correspondente exato, o *permissivismo*. Portanto, torna-se difícil, se não impossível, apresentar a moral da Igreja como razoável, distante demais como ela é daquilo que é considerado óbvio, normal, pela maioria das pessoas, condicionadas por uma cultura hegemônica, à qual acabam por aderir, como autorizados franqueadores, também não poucos moralistas "católicos"».

Em Bogotá, na reunião dos bispos presidentes das comissões doutrinais das Conferências Episcopais da América Latina, o Cardeal leu um relatório que procurava identificar os motivos profundos do que está acontecendo na teologia contemporânea, inclusive na teologia moral, à qual dedica, naquele texto, um espaço adequado à sua importância. Será, pois, necessário seguir Ratzinger na sua análise para compreender o seu alarme diante de certos caminhos surgidos no Ocidente e trilhados por determinadas teologias. E, sobretudo, sobre as questões familiares e sexuais que ele deseja chamar a atenção.

Uma série de fraturas

Assim, observa ele: «Na cultura do mundo "desenvolvido" quebrou-se primeiramente o liame entre *sexualidade* e *matrimônio*. Separado do matrimônio, o sexo ficou deslocado, viu-se privado de pontos de referência: tornou-se uma espécie de mina vagante, um problema e, ao mesmo tempo, um poder onipresente».

Após esta primeira fratura, ele vê uma outra, que lhe é consequente: «Realizada a separação entre sexualidade e matrimônio, a *sexualidade* foi destacada também da *procriação*. O movimento acaba, porém, tomando também um sentido inverso: isto é, procriação sem sexualidade. Daí provêm as experiências sempre mais revoltantes — das quais a atualidade está repleta — de tecnologia, de engenharia médica, em que, exatamente, a procriação é independente da sexualidade. A manipulação biológica está cortando a referência do homem à natureza (cujo conceito mesmo é contestado). Tenta-se transformar o homem, manipulá-lo como se faz hoje com qualquer outra "coisa": ele nada mais é do que um produto planejado a bel-prazer».

Se não me engano, observo eu, nossas culturas são as primeiras em toda a história em que se realizam semelhantes fraturas.

«Sim, e no fundo dessa marcha para quebrar conexões fundamentais, naturais (e não apenas culturais, como dizem) existem consequências inimagináveis, que derivam da própria lógica que preside a tal caminho».

Já agora, em sua opinião, estamos sofrendo "os efeitos de uma sexualidade sem mais conexão alguma com o matrimônio e com a procriação. A consequência é, logicamente, que toda forma de sexualidade é de igual valor e, por conseguinte, igualmente digna". «Não se trata, certamente — continua ele — de querer fazer um moralismo retrógrado, mas de deduzir lucidamente as consequências das premissas: com efeito, é lógico que o prazer, a *libido* do indivíduo, se torne o único ponto de referência possível do sexo. Este, privado de uma razão objetiva que o justifique, deve procurar a razão subjetiva na satisfação do desejo, na resposta aos instintos o mais «satisfatória» possível para o indivíduo, sem lhes opor um freio racional. Cada um é livre para dar o conteúdo que quiser à sua libido pessoal».

Continua ele: «É, portanto, natural que todas as formas de satisfação da sexualidade se transformem em "direitos" do indivíduo. Assim, para dar um exemplo particularmente atual nos dias de hoje, a homossexualidade se torna um direito inalienável (e como negá-lo, com premissas semelhantes?); ou melhor, o seu reconhecimento pleno transforma-se em um aspecto da libertação do homem».

Existem, porém, outras consequências «desses desenraizamentos da pessoa humana em sua natureza profunda». Com efeito, acrescenta: «Separada do matrimônio baseado na fidelidade por toda a vida, de *bênção* (como sempre foi entendida por todas as culturas), a fecundidade torna-se o contrário: uma *ameaça* à livre satisfação do "direito do indivíduo à felicidade". Eis, portanto, que o aborto provocado, gratuito e socialmente garantido se transforma em um outro "direito", em uma outra forma de "libertação"».

«Distantes da sociedade ou distantes do Magistério?»

Tal é, pois, para ele, o cenário dramático da ética na sociedade liberal-radical, "opulenta". Mas como a teologia moral católica reage a tudo isso?

«A mentalidade atualmente dominante agride os fundamentos mesmos da moral da Igreja — que, como observava há pouco — se permanece fiel a si mesma corre o risco de parecer um anacrônico e inoportuno corpo estranho. Assim, para tentar ainda ser "críveis", os teólogos morais do Ocidente acabam por deparar-se com uma alternativa: parece-lhes terem de escolher entre dissenso com a sociedade atual ou o dissenso com o Magistério. Conforme o modo de enunciar a questão, é maior ou menor o número daqueles que preferem este último tipo de dissenso e que, consequentemente, se põem à procura de teorias e sistemas que permitam meios termos entre o catolicismo e as concepções correntes. Mas essa diferença crescente entre Magistério e "novas" teologias morais provoca consequências incalculáveis, mesmo porque a Igreja, através de suas escolas e de seus hospitais, ocupa ainda, sobretudo na América, importantes funções sociais. Eis, portanto, a penosa alternativa: ou a Igreja encontra um entendimento, um compromisso com os valores aceitos pela sociedade à qual deseja continuar servindo, ou decide permanecer fiel aos seus próprios valores (e que, em sua opinião, são os que tutelam o homem nas suas exigências profundas), mas vendo-se então deslocada com relação à sociedade mesma».

Assim, o Cardeal julga constatar que, «hoje, o âmbito da teologia moral tornou-se o ponto principal das tensões entre Magistério e teólogos, especialmente porque nele as consequências tornam-se imediatamente visíveis. Poderia citar algumas tendências: algumas vezes são justificadas as relações pré-matrimoniais, pelo menos em certas condições; a masturbação é vista como um fenômeno normal no crescimento do adolescente; a admissão dos divorciados recasados aos sacramentos é continuamente reivindicada; o feminismo, também o radical, parece ganhar terreno a olhos vistos na Igreja, especialmente em algumas Ordens religiosas femininas (mas sobre isso se falará em outra parte). Até mesmo com relação ao problema da homossexualidade existem tentativas de justificação: aconteceu até que bispos — por insuficiente informação ou por um senso de culpa dos católicos para com uma "minoria oprimida"— puseram igrejas à disposição dos *gays* para as suas manifestações. Há, ainda, o caso da *"Humanae Vitae"*, a encíclica de Paulo VI que reafirma o "não" às contracepções e que não foi compreendida; pior ainda, foi mais ou menos abertamente rejeitada por vastos setores eclesiais».

Mas, digo eu, não é justamente o problema do controle dos nascimentos que encontra talvez particularmente desguarnecida a tradicional moral católica? Não se tem a impressão de que o Magistério, diante dele, parece encontrar-se sem argumentos decisivos?

Replica ele: «É verdade que, no início do grande debate por ocasião da publicação da encíclica *"Humanae Vitae"*, em 1968, o fundamento argumentativo da teologia fiel ao Magistério era ainda relativamente frágil. Mas, nesse ínterim, eles ampliaram-se de tal forma, através de novas experiências e de novas reflexões, que a situação começa a se modificar».

De que modo?, pergunto-lhe.

«Para compreender corretamente todo o problema, devemos voltar ao passado. Por volta dos anos 50 e 40, alguns teólogos moralistas católicos, partindo do ponto de vista da filosofia personalista, começaram a criticar a unilateralidade da orientação da moral sexual católica com relação à procriação. Eles chamavam a atenção, sobretudo, para o fato de a abordagem clássica do matrimônio no direito canônico, a partir dos seus "fins". A categoria "fim" é insuficiente para explicar o fenômeno propriamente humano. Esses teólogos não negavam, de modo algum, o significado da fecundidade no complexo dos valores da sexualidade humana. Tinham-lhe assinalado um lugar novo, no quadro de uma perspectiva mais personalista, no modo de considerar o matrimônio. Essas discussões foram importantes e levaram a um significativo aprofundamento da doutrina católica sobre o matrimônio. O Concílio acolheu e confirmou os melhores aspectos dessas reflexões. Mas justamente então começou a se manifestar uma outra linha de desenvolvimento. Enquanto as reflexões do Concílio se baseavam na unidade de "pessoa" e "natureza" no homem, começou-se a entender "personalismo" como contraposto a "naturalismo"; isto é, como se a pessoa humana e suas exigências pudessem entrar em conflito com a natureza. Dessa forma, um personalismo exagerado levou teólogos a negar a ordenação interna, a linguagem da natureza (que é, aliás, por si mesma moral, como afirma o constante ensinamento católico), deixando à sexualidade, também conjugal, como único ponto de referência na vontade da pessoa. Eis um dos motivos da rejeição da *Humanae Vitae*, da impossibilidade, para certas teologias, de recusar a contracepção».

Buscando pontos firmes

Entre os sistemas que estão se criando como alternativa ao do Magistério, não existe, para ele, apenas o "personalismo extremado". Perante os bispos reunidos em Bogotá e referindo-se ao debate da teologia moral no Ocidente, Ratzinger delineou o perfil de outros sistemas que considera inaceitáveis: «Imediatamente após o Concílio, começou-se a discutir se existiam normas morais especificamente cristãs. Alguns chegaram a concluir que todas as normas podem ser encontradas também fora da ética cristã e que, de fato, a maior parte das normas cristãs foi tirada de outras culturas, em particular da antiga filosofia clássica, especialmente a estoica. Desse falso ponto de partida chegou-se inevitavelmente à ideia de que a moral deve ser constituída unicamente à base da razão e que essa autonomia da razão é válida também para os crentes. Não mais Magistério, portanto, não mais o Deus da Revelação com os seus mandamentos, com o seu decálogo. Com efeito, existem hoje moralistas "católicos" que afirmam ser o decálogo, sobre o qual a Igreja construiu a sua moral objetiva, um mero "produto cultural" ligado ao antigo Oriente Médio semita. Portanto, uma regra relativa, dependente de uma antropologia, de uma história que não são mais as nossas. Volta aqui, pois, a negação da unidade da Escritura, reaparecendo a antiga heresia que declarava o Antigo Testamento (lugar da "Lei") superado e rejeitado pelo Novo (reino da "Graça"). Mas, para o católico, a Bíblia é um todo unitário, as Bem-aventuranças de Jesus não anulam o decálogo entregue por Deus a Moisés e, através dele, aos homens de todos os tempos. Pelo contrário, segundo estes novos moralistas, nós, "homens já adultos e libertos", devemos procurar sozinhos outras normas de comportamento».

Uma busca, pergunto eu, a ser feita apenas com a razão?

«De fato, como tinha começado a dizer. Sabe-se, no entanto, que, para a moral católica autêntica, existem ações que nenhum motivo poderá jamais justificar, contendo em si mesmas uma recusa do Deus Criador e, por conseguinte, uma negociação do bem autêntico do homem, sua criatura. Para o Magistério, existem sempre pontos firmes, balizadores, que não podem ser suprimidos nem ignorados sem quebrar o liame que a filosofia cristã vê entre o *Ser* e o *Bem*. Proclamando, pelo contrário, a autonomia da razão humana sozinha, separados agora do decálogo, foi preciso andar em busca de novos pontos firmes: onde agarrar-se, como justificar os deveres morais, se estes não têm mais raízes na Revelação divina, nos Mandamentos do Criador?».

E então?

«E então chegou-se à chamada "moral dos fins"ou, como se prefere chamar nos Estados Unidos, onde ela foi elaborada e difundida — à "moral das consequências", o "consequencialismo": nada é *em si* bom ou mau, a bondade do ato depende unicamente de seu fim e das suas consequências previsíveis e calculáveis. Percebendo, porém, os inconvenientes de um tal sistema, alguns moralistas tentaram abrandar o "consequencialismo" no "proporcionalismo": o agir moral depende da avaliação e de confronto feitos pelo homem entre a proporção dos bens que estão em jogo. Ainda aqui, trata-se de um cálculo individual, esta vez da "proporção"entre b

Mas, observo eu, parece-me que também sica fazia referência a figuras deste gênero das consequências, à ponderação dos bens

«Certamente. O erro foi construir um aquilo que era apenas um aspecto da mor que por certo não dependia — ao final — pessoal do indivíduo. Dependia da revel das "instruções para o uso"por Ele inscrit jetivo e indelével na sua criação. Portanto próprio homem enquanto parte dela contêm no próprio interior a sua moralidade».

A negação de tudo isto leva, para o Prefeito, à consequências devastadoras para o indivíduo e para a sociedade inteira: «Se das sociedades do bem-estar do Ocidente, nas quais esses sistemas apareceram pela vez, nos deslocarmos para outras áreas geográficas, veremos que também nas convicções morais de certas teologias da libertação muitas vezes permanece como pano de fundo uma moral "proporcionalista": o "bem absoluto"(isto é, a edificação da sociedade justa, socialista) torna-se a norma moral que justifica todo o resto, inclusive — se necessário — a violência, o homicídio, a mentira. É um dos tantos aspectos que mostram como, separando-se do seu ponto de referência em Deus, a humanidade torna-se vítima das consequências mais arbitrárias. A "razão" do indivíduo, com efeito, pode, a cada vez, propor à ação objetivos os mais diversos, os mais imprevisíveis, os mais perigosos. E aquilo que parecia "libertação" acaba se tornando o seu contrário, mostrando nos fatos seu rosto diabólico. Na verdade, tudo isso já foi descrito com precisão nas primeiras páginas da Bíblia. O núcleo da tentação do homem e da sua queda está encerrado nestas palavras programáticas: "Tornar-vos-ei como Deus"(Gn 3, 5). Como Deus, isto é, livres da lei do Criador, livres das próprias leis da natureza, senhores absolutos do próprio destino. O homem deseja continuamente apenas isto: ser o criador e senhor de si mesmo. Mas aquilo que o aguarda ao final desta estrada, não é, certamente, o Paraíso terrestre».

Capítulo VII

AS MULHERES, UMA MULHER

Um sacerdócio em questão

O discurso sobre a crise da moral, para o Cardeal, está intimamente ligado ao da mulher e de seu papel (tema hoje atualíssimo na Igreja).

Traz a assinatura do antecessor do Cardeal Ratzinger o documento da Congregação para a Doutrina da Fé que reafirmava o "não" católico ao sacerdócio feminino (partilhado por todas as Igrejas de ortodoxia oriental e, até tempos recentíssimos, pelos anglicanos). Ele, porém colaborou na sua elaboração como consultor e, a uma pergunta minha, o definirá com «muito bem preparado, ainda que seja um tanto seco, como todos os documentos oficiais: vai direto às conclusões, sem poder motivar todos os passos que levam até elas, com a amplitude que seria necessária».

De qualquer modo, o Prefeito remete àquele documento para um reexame de uma questão que, na sua opinião, é frequentemente mal apresentada.

Falando da questão feminina em geral e de seus reflexos na Igreja, em particular entre as religiosas, parece-me perceber nele uma queixa singular: «É a mulher que sofre mais duramente as consequências da confusão, da superficialidade de uma cultura que é fruto de mentes masculinas, de ideologias machistas que enganam a mulher, desorientando-a no mais profundo do seu ser, embora digam que querem libertá-la».

E continua: «À primeira vista, as teses do feminismo radical em favor de uma total equiparação entre homem e mulher parecem nobilíssimas, em todo caso absolutamente razoáveis. E parece lógico que essa busca de ingresso das mulheres em todas as profissões, nenhuma excluída, na Igreja se transforme em uma procura de acesso também ao sacerdócio. Para muitos, esta exigência de ordenação, esta possibilidade de haver sacerdotisas católicas, parece não apenas justificada mas inócua: uma simples e indispensável adaptação da Igreja a uma situação social nova que se verificou».

E então, pergunto eu, por que obstinar-se na recusa?

"Na verdade, esse tipo de "emancipação" da mulher não é novo de modo algum. Esquece-se que, no mundo antigo, todas as religiões também tinham sacerdotisas. Todas, menos uma: a hebraica. O cristianismo, também nisto seguindo o exemplo "escandalosamente" original de Jesus, abre à mulher uma situação nova, dá-lhe um lugar que representa um dos elementos de novidade com relação ao hebraísmo. Mas deste último conserva o sacerdócio unicamente masculino. Evidentemente, a intuição cristã compreendeu que a questão não era secundária, que defender a Escritura (que nem no Antigo nem no Novo Testamento conhece mulheres-sacerdote) significara uma vez mais defender a pessoa humana. A começar, entende-se, pela pessoa do sexo feminino».

Contra um sexo "banalizado"

Isto deve ser ulteriormente explicado, observo eu: falta ver de que modo a Bíblia e a Tradição que a interpretou queriam "proteger" a mulher, ao excluí-la do sacerdócio.

«Certamente. Mas então é preciso ir ao fundo da busca, de "banalizar" a especificidade sexual, que o feminismo radical extrai da cultura hoje difundida, tornando intercambiável qualquer papel entre homem e mulher.

Falando da crise da moral tradicional, eu acenava que, na raiz da crise, existe uma série de rupturas fatais: aquela, por exemplo, entre sexualidade e procriação. Separado do liame com a fecundidade, o sexo não aparece mais como uma característica determinada, como uma orientação radical, original da pessoa. Homem? Mulher? São perguntas que, para alguns, tornaram-se "velhas", privadas de sentido, quando não racistas. A resposta do conformismo corrente é previsível: "pouco importa se homem ou mulher, somos todos simplesmente pessoas humanas". Isto, na realidade, é grave, embora pareça muito belo e generoso: significa, com efeito, que a sexualidade não é mais considerada como radicada na antropologia, significa que o sexo é visto como uma simples papel, intercambiável a bel-prazer».

E então?

«Então, segue-se por coerência lógica que todo o ser e a agir da pessoa humana são reduzidos à mera funcionalidade, à mera função: a função do "consumidor" ou do "operário", segundo os regimes. De qualquer maneira, algo que não diz respeito diretamente ao sexo diverso. Não é por acaso que, entre as batalhas de "libertação" destes últimos anos, esteja também a luta para fugir da "escravidão da natureza", exigindo o direito de se tornar homem ou mulher a bel-prazer, por via cirúrgica, por exemplo, e exigindo que o Estado, no registro civil, leve em consideração esta vontade autônoma de indivíduo. E não é por acaso que as leis prontamente se adaptaram à semelhante exigência. Mesmo se esta chamada "mudança de sexo" não mude em nada a constituição genética da pessoa interessada. É somente um artifício exterior, com o qual não são resolvidos os problemas, mas simplesmente são construídas realidades fictícias. Se tudo é apenas 'papel' determinado pela cultura, pela história, e não pela especificidade natural inscrita no profundo, também a maternidade é uma função casual: e, de fato, certas reivindicações feministas consideram "injusto" que somente às mulheres caiba dar à luz e amamentar. E a ciência, não apenas a lei, vem em auxílio: transformando homem em mulher e vice-versa, como já temos visto; ou isolando a fecundidade da sexualidade, visando a procriação a bel-prazer, com manipulações técnicas. Não somos, por acaso, todos iguais? Portanto, se necessário, combata-se também a "desigualdade" da natureza. Mas não se combate a natureza sem sofrer suas consequências mais devastadoras. A sacrossanta igualdade entre homem e mulher não exclui, antes exige, a diversidade».

Em defesa da natureza

Do discurso geral procuramos passar àquilo que mais nos interessa. Que acontece quando essas orientações se infiltram na dimensão religiosa, cristã?

«Acontece que o intercâmbio dos sexos, visto como simples "funções" determinadas mais pela história do que pela natureza e a banalização do masculino e do feminismo, estendem-se à ideia de Deus e daí se alargam para toda a realidade religiosa».

Entretanto, parece realmente sustentável também para um católico (e um papa recentemente o recordou) que Deus se encontra para além das categorias da sua criação e, portanto, tanto é Pai como Mãe.

AS MULHERES, UMA MULHER
J. RATZINGER — V. MESSORI

«Isto é correto se nos colocamos sob um ponto de vista puramente filosófico, abstrato. Mas o cristianismo não é uma especulação filosófica, não é uma construção da nossa mente. O cristianismo não é "nosso", é a *Revelação de Deus*, é uma mensagem que nos foi confiada e que não nos compete reconstruir à vontade. Portanto, não estamos autorizados a transformar o *Pai Nosso* em uma *Mãe Nossa*: o simbolismo usado por Jesus é irreversível, está fundado na própria relação homem-Deus que veio para se revelar a nós. Menos lícito ainda seria substituir Cristo por uma outra figura. Mas o que o feminismo radical, às vezes mesmo aquele que se diz se referir ao cristianismo, não está disposto a aceitar exatamente isto: o caráter exemplar, universal e imutável da relação entre Cristo e o Pai».

Se estas são as posições contrárias, observo eu, o diálogo parece estar bloqueado.

«Realmente, estou convencido — diz ele — de que aquilo que leva o feminismo na sua forma mais radical não é mais o cristianismo que conhecemos, é uma religião diferente. Mas também estou convencido (começamos a ver as razões profundas da posição bíblica) de que a Igreja Católica e as ortodoxas, defendendo a sua fé e o seu conceito de sacerdócio, defendem, na realidade, tanto os homens como as mulheres, na sua totalidade, irreversível entre masculino e feminino; portanto, na sua irredutibilidade à mera função, papel».

«Além do mais — continua ele — também para este ponto vale o que não me canso de repetir para a Igreja, a *linguagem da natureza* (no nosso caso: dois sexos complementares entre si e, ao mesmo tempo, diversos) é *também a linguagem da moral* (homem e mulher chamados a destinos igualmente nobres, ambos eternos, mas ao mesmo tempo, diversos). É em nome da natureza — sabe-se de deste conceito desconfia, ao invés, a tradição protestante e, na sua esteira, a do Iluminismo — que a Igreja eleva a sua voz contra a tentação de pré-constituir as pessoas e o seu destino segundo projetos meramente humanos, de eliminar-lhes a individualidade e, com ela, a dignidade. Respeitar a biologia é respeitar o próprio Deus e, portanto, salvaguardar as suas criaturas».

Fruto, também ele, para Ratzinger, «do Ocidente opulento e do seu *establishment* intelectual», o feminismo radical «anuncia uma libertação, isto é, uma salvação diversa da cristã, se não oposta a ela». Mas admoesta: "Compete aos homens e, sobretudo, às mulheres que experimentam os frutos dessa presumida salvação pós-cristã interrogarem-se realisticamente se ela realmente está trazendo um aumento de felicidade, um maior equilíbrio, uma síntese vital, mais rica do que aquela que foi abandonada por ter sido considerada superada».

Em sua opinião, portanto, as aparências enganam: mais que beneficiadas, as mulheres seriam vítimas da "revolução" em curso.

"Sim — repete ele — é a mulher quem paga mais. Maternidade e virgindade (os dois valores altíssimos nos quais se realizava a sua vocação mais profunda) tornaram-se valores opostos aos dominantes. A mulher, criadora por excelência dando a vida, não "produz", porém, naquele sentido técnico que é o único valorizado por uma sociedade mais masculina do que nunca, em seu culto à eficiência. Assim, convencem-na de que se quer "libertá-la", "emancipá-la", induzindo-a a se masculinizar, tornando-a dessa forma identificada com a cultura da produção, fazendo-a passar ao controle da sociedade machista dos técnicos, dos vendedores, dos políticos que buscam vantagem e poder, tudo organizando, tudo vendendo, tudo instrumentalizando para os seus fins. Afirmando que o específico sexual é, na realidade, secundário (e, portanto, negando o corpo mesmo como encarnação do Espírito em um ser sexuado) a mulher é despojada não somente da maternidade, mas também da opção livre pela virgindade: entretanto, como o homem não pode procriar, assim também não pode ser virgem a não ser "imitando" a mulher. Ela, também por esta via, possui o valor elevadíssimo de "sinal" e de "exemplo" para a outra parte da humanidade".

Feminismo no convento

Pergunto-lhe como está, a este respeito, aquele mundo riquíssimo e complexo, frequentemente um tanto impenetrável aos olhos de um homem, sobretudo do leigo, o mundo das religiosas: irmãs, monjas, consagradas de todo tipo?

«Certa mentalidade feminista — responde — penetrou também nas comunidades religiosas femininas. Este ingresso é particularmente evidente, até mesmo em suas formas mais extremas, no continente norte-americano. Souberam resistir bem, no entanto, as monjas de clausura, as ordens contemplativas, porque mais protegidas do *Zeitgeist,* o espírito do tempo, e porque caracterizadas por uma finalidade bem precisa e não passível de modificação: o louvor a Deus, a oração, a virgindade e a separação do mundo como sinal escatológico. Pelo contrário, estão em grave crise as ordens e congregações de vida ativa: a descoberta do profissionalismo, o conceito de "assistência social" que substitui o de "caridade", a adequação muitas vezes indiscriminada e até mesmo entusiasmada aos valores novos e até então desconhecidos da moderna sociedade secular, a introdução, algumas vezes sem nenhum senso crítico, de psicologias e psicanálises de todas as escolas no convento: tudo isso trouxe dilacerantes problemas de identidade e levou à perda de motivações suficientes para justificar a vida religiosa, para muitas mulheres. Visitando uma livraria católica na América do Sul, observei que nela (e não somente nela) os tratados espirituais de antigamente foram substituídos pelos manuais de divulgação da psicanálise, a teologia cedeu lugar à psicologia, talvez a mais em voga. É quase irresistível, além disso, o fascínio pelo que é oriental ou presumido como tal: em muitas casas religiosas, (masculinas e femininas), a cruz cedeu seu lugar, muitas vezes, a símbolos das tradições religiosas asiáticas. Desapareceram também, em diversos lugares, as devoções de antes, para ceder lugar a técnicas ioga ou zen».

Alguém observou que muitos religiosos procuraram resolver a crise de identidade projetando-se para o *exterior* — segundo a bem conhecida dinâmica machista — procurando, portanto, "libertação" na sociedade, na política. Muitas religiosas, ao contrário, parecem projetar-se para o interior, seguindo também aqui uma dialética ligada ao sexo, ao encalço da mesma "libertação" na psicologia do profundo.

"Sim — responde ele — acode-se com grande confiança aqueles confessores profanos, os "peritos da alma" que seriam os psicólogos e os psicanalistas. Mas estes, quando muito, podem dizer *como* funcionam as forças do espírito, não podem dizer *por que* nem com que *escopo*. Ora, a crise de muitas irmãs, de muitas religiosas, era justamente determinada pelo fato de que o seu espírito parecia trabalhar no vazio, sem uma direção reconhecível. Precisamente a partir deste trabalho de análise, ficou claro que a "alma" não se explica por si mesma, que ela tem necessidade de um ponto de referência fora dela. Foi como que uma confirmação "científica" da apaixonada constatação de Santo Agostinho: "Fizeste-nos para ti, Senhor, e o nosso coração fica inquieto enquanto em ti não repousa". Esse viver procurando e experimentando, frequentemente confiando-se a "peritos" improvisados, tem significado pesos humanos insondáveis, mas sempre elevadíssimos, para as religiosas: tanto para as que perseveram como para as que abandonaram".

Um futuro sem freiras?

Existe um relatório atualizado e minucioso sobre as religiosas do Québec, a província-Estado do Canadá que fala francês. Um caso típico, o *québécois:* trata-se, com efeito, da única região da América do Norte que, desde os inícios, foi colonizada e evangelizada por católicos, que ali erigiram um regime de *chrétienté* gerido por uma Igreja onipresente. Com efeito, ainda há vinte anos, no início dos anos 60, o Québec era a região do mundo com o mais elevado número de religiosas em relação aos habitantes, que são, ao todo, 6 milhões. Entre 1961 e 1981, entre saídas, mortes e falta de recrutamento, as religiosas reduziram-se de 46.933 a 26.294. Uma queda, portanto, de 44% e que parece irrefreável. As novas vocações no mesmo período, diminuíram cerca de 98,5%. Além do mais, resulta que boa parte de 1,5% que resta é constituída, não de jovens, mas de "vocações tardias". Tanto que, com um simples cálculo, todos os sociólogos concordam com uma conclusão crua, mas objetiva: «Dentro em breve (a menos se inverta a tendência, o que é totalmente improvável, ao menos do ponto de vista humano) a vida religiosa feminina, assim como a conhecemos, no Canadá será somente uma recordação».

Os mesmos sociólogos que prepararam o relatório recordam como nestes vinte anos as comunidades passaram por todo tipo de reformas imagináveis: abandono do hábito religioso, salário individual, formação nas universidades laicas, inserção nas profissões seculares, assistência maciça de todo tipo de "especialistas". E, no entanto, as irmãs continuaram a sair, as novas não chegaram e as que permaneceram — idade média em torno dos 60 anos — frequentemente dão a impressão de não terem resolvido seus problemas de identidade e, em alguns casos, declaram resignadamente que aguardam a extinção das suas congregações.

O *aggiornamento*, mesmo o mais corajoso, era sem dúvida necessário, mas parece não ter funcionado, precisamente na América no Norte, à qual Ratzinger se referia principalmente. Talvez por que, esquecendo-se da advertência evangélica, procurou-se colocar «*vinho novo*» em «*odres velhos*», isto é, em comunidades surgidas em outros climas espirituais, filhas de uma *Societas christiana* que não é mais a nossa? Se assim fosse, o fim de *uma* vida religiosa não significaria o fim *da* vida religiosa, que passaria a se encarnar em formas novas, adequadas aos nossos tempos?

O Prefeito, por certo, não o exclui, ainda que o caso exemplar do Québec confirme que as ordens aparentemente mais opostas à mentalidade atual e mais refratárias às mudanças, as das contemplativas, de monjas enclausuradas, «registraram, quando muito, alguns problemas, mas não conheceram uma verdadeira crise», para citar as palavras dos próprios sociólogos.

Seja como for, para o Cardeal, «se é a mulher quem paga o tributo maior à nova sociedade e aos seus valores, entre todas as mulheres são as freiras as mais expostas». Retornando ao que já havia aludido, observa que «o homem, também o religioso, apesar problemas que conhecemos, pode procurar um remédio para a crise lançando-se ao trabalho, tentando reencontrar o seu papel na atividade. Mas e a mulher, quando os papéis inscritos na sua própria biologia foram negados e até mesmo ridicularizados? Quando a sua maravilhosa capacidade de dar amor, ajuda, alívio, calor, solidariedade, for substituída pela mentalidade economicista e sindical da "profissão", essa típica preocupação machista? Que pode fazer a mulher, quando tudo aquilo que é mais seu foi jogado fora e considerado irrelevante ou desviado?».

Continua: «O ativismo, o querer fazer de qualquer maneira coisas "produtivas", "relevantes", é a tentação constante do homem, também do religioso. E é exatamente essa orientação que domina nas eclesiologias (já falamos disso) que apresentam a Igreja como um "povo de Deus" atarefado, empenhado em traduzir o evangelho em um programa de ação que obtenha "resultados" sociais, políticos e culturais. Mas não é por acaso que *a* Igreja é nome de gênero feminino. Nela, com efeito, vive o mistério da maternidade, da gratuidade, da contemplação, da beleza, dos valores, enfim, que parecem inúteis aos olhos do mundo profano. Talvez até mesmo sem ser plenamente consciente dos motivos, a religiosa percebe a insatisfação profunda de viver em uma Igreja onde o cristianismo foi reduzido à ideologia do fazer, segundo essa eclesiologia duramente machista e que, no entanto, é apresentada — e até mesmo aceita — como mais próxima também das mulheres e de suas exigências "modernas". E, pelo contrário, um projeto de Igreja em que não há mais lugar para a experiência mística, esse cume da vida religiosa que, não por acaso, esteve entre as glórias e as riquezas a todos oferecidas, com milenária constância e abundância, mais por mulheres do que por homens. Essas mulheres extraordinárias que a Igreja proclamou suas "santas" e, às vezes, suas "doutoras", não hesitando em propô-las como exemplo para todos os cristãos. Um exemplo que, hoje, talvez, é de particular atualidade».

Um remédio: Maria

Para a crise da ideia mesma de Igreja, para a crise da moral e para a crise da mulher, o Prefeito tem a propor, entre outros, um remédio que, diz ele, «tem mostrado concretamente a sua eficácia ao longo de todos os séculos cristãos. Um remédio cujo prestígio parece hoje obscurecido em alguns católicos, mas que permanece mais atual do que nunca». É o remédio que indica com um nome curto: *Maria*.

Ratzinger está consciente de que, neste assunto — mais talvez do que em outro qualquer — é difícil, por parte de alguns setores de crentes, recuperar plenamente um aspecto do cristianismo como a mariologia, que, entretanto, foi reafirmado pelo Vaticano II como cume da Constituição dogmática sobre a Igreja. «Inserindo o mistério de Maria no mistério da Igreja — diz ele — o Vaticano II fez uma escolha significativa, que deveria ter dado novo alento às pesquisas teológicas; estas, entretanto, no primeiro período pós-conciliar, registraram, a este respeito, uma queda brusca. Quase que um colapso, embora atualmente apareçam sinais de retomada».

Comemorando, em 1968, o 18º aniversário da proclamação do dogma da assunção de Maria em corpo e alma à glória celeste, o então professor Ratzinger já observava: «A tendência, em poucos anos, mudou de tal forma que se torna difícil hoje compreender o entusiasmo e a alegria que então reinaram na Igreja. Hoje procura-se, talvez, evitar esse dogma que tanto nos exaltara, pergunta-se se essa verdade católica sobre Maria — como todas as verdades católicas sobre ela — não cria dificuldades desnecessárias com os irmãos protestantes. Como se a mariologia fosse uma pedra que obstaculiza o caminho para a união. E nos perguntamos também se, atribuindo a Maria o seu lugar tradicional, não se ameaça a própria orientação da piedade cristã, desviando-a de olhar apenas para Deus Pai e para o único medidor, Jesus Cristo».

No entanto, dir-me-á ele durante a nossa conversa, «se o lugar ocupado por Nossa Senhora foi sempre essencial para o equilíbrio da fé, reencontrar hoje tal lugar é urgente, como em poucas outras épocas da história da Igreja».

O testemunho de Ratzinger é também humanamente importante, tendo sido alcançado através de um caminho pessoal de redescoberta, de aprofundamento sucessivo, quase de plena "conversão" ao mistério mariano. Com efeito, ele me confidenciava: «Quando eu era um jovem teólogo, antes do Concílio, tinha uma certa reserva quanto a algumas fórmulas antigas, como, por exemplo, aquela famosa *de Maria numquam satis*, "sobre Maria nunca se falará o bastante". Parecia-me exagerada. Além disso, tinha dificuldade de compreender o sentido verdadeiro de uma outra expressão famosa, (repetida na Igreja desde os primeiros séculos, quando — após uma disputa memorável — o Concílio de Éfeso, em 431, proclamara Maria *Theotókos*, "Mãe de Deus"), isto é, a expressão que chama a Virgem *"inimiga de todas as heresias"*. Agora — neste período confuso em que realmente todo tipo de desvio herético parece bater às portas da fé autêntica — agora compreendo que não se tratava de exageros de devotos, mas de verdades hoje mais do que nunca válidas».

"Sim — continua ele — é preciso retornar a Maria, se quisermos retornar aquela "verdade sobre Jesus Cristo, sobre a Igreja e sobre o homem" que João Paulo II propunha como programa para toda a cristandade, ao presidir, em 1979, a Conferência do Episcopado Latino-Americano em Puebla. Os bispos responderam ao convite do Pontífice propondo, nos documentos conclusivos (os mesmos que, por alguns, foram lidos de modo incompleto), o auspício unânime de todos os bispos: "Maria deve ser, mais do que nunca, *a pedagogia* para anunciar o Evangelho aos homens de "hoje". Justamente na América Latina, onde a tradicional piedade mariana do povo declina, o vazio vem sendo preenchido por ideologias políticas. É um fenômeno que se encontra um pouco por toda parte, confirmando a importância daquela que não é apenas uma mera devoção».

Seis motivos para não esquecê-la

Seis são os pontos nos quais — embora de modo bastante sintético e, por conseguinte, necessariamente incompleto — o Cardeal vê resumida a função da Virgem, de equilíbrio e totalidade para a fé católica. Ouçamo-lo.

Primeiro ponto: «Reconhecer a Maria o lugar que a tradição e o dogma lhe atribuem significa permanecer profundamente radicados na cristologia original (Vaticano II: "A Igreja, pensando nela com piedade filial e contemplando-a à luz do Verbo feito homem, com veneração penetra mais profundamente no altíssimo mistério da Encarnação e vai se conformando sempre mais ao seu Esposo", *Lumen Gentium*, n. 65). É, aliás, ao serviço direto da fé em Cristo — e não, portanto, em primeiro lugar por devoção à Mãe — que a Igreja proclamou os seus dogmas marianos: primeiramente a virgindade perpétua e a maternidade divina e, a seguir, após um longo amadurecimento e reflexão, a conceição sem mácula do pecado original e a assunção ao céu. Esses dogmas servem de amparo à fé autêntica em Cristo, como verdadeiro Deus e verdadeiro homem: duas naturezas em uma só Pessoa. Servem de amparo também à indispensável tensão escatológica, indicando em Maria assunta o destino imortal. E protegem também a fé, hoje ameaçada, em Deus criador que (é, entre outros, um dos significados da mais do que nunca incompreendida verdade sobre a virgindade perpétua de Maria) pode livremente intervir sobre a matéria. Numa palavra, como recorda também o

Concílio: "Maria, pela sua íntima participação na história da salvação, reúne por assim dizer, e reflete os dados máximos da fé (*Lumen Gentium*, n. 65)».

A este primeiro ponto Ratzinger acrescenta um *segundo:* «A mariologia da Igreja supõe o justo relacionamento e a necessária integração entre Bíblia e Tradição. Os quatro dogmas marianos têm base indispensável na Escritura. Temos aqui como que um germe que cresce e frutifica na vida cálida da Tradição, assim como se exprime na liturgia, no sentimento do povo fiel e na reflexão da teologia guiada pelo Magistério».

Terceiro ponto: «Precisamente em sua pessoa de jovem hebreia feita Mãe do Messias, Maria une de modo vital e, ao mesmo tempo inseparável, o antigo e o novo povo de Deus, Israel e o cristianismo, Sinagoga e Igreja. Ela é como que o ponto de junção sem o qual a fé, como acontece hoje, corre o risco de perder o equilíbrio, apoiando-se sobre o Antigo Testamento ou fundando-se somente sobre o novo. Nela, no entanto, podemos viver a síntese da Escritura inteira".

Quarto ponto: "A correta devoção mariana assegura à fé a convivência da indispensável "razão" com as igualmente indispensáveis "razões do coração", como diria Pascal. Para a Igreja, o homem não é apenas razão nem somente sentimento, ele é a união dessas duas dimensões. A cabeça deve refletir com lucidez, mas o coração deve poder ser aquecido: a devoção a Maria (livre de qualquer falso exagero, mas também isenta de uma estreiteza de mente que não considere a singular dignidade da Mãe de Deus", como recomenda o Concílio) assegura à fé a sua dimensão humana completa.

Continuando em sua síntese, Ratzinger indica um

quinto ponto: Para usar exatamente as expressões do Vaticano II, Maria é "figura", "imagem", "modelo" da Igreja. Assim, olhando para ela, a Igreja defende-se daquele modelo machista de que falava antes e que a vê como instrumento de um programa de ação sociopolítica. Em Maria, sua figura e modelo, a Igreja reencontra o seu rosto de Mãe, não pode degenerar em uma involução que a transforme em partido, em uma organização, em um grupo de pressão a serviço de interesses humanos, ainda que nobilíssimos. Se em certas teologias e eclesiologias Maria não encontra mais lugar, a razão é simples elas reduziram a fé a uma abstração. E uma abstração não tem necessidade de Mãe».

Sexto e último ponto desta síntese: «Como seu destino, que é ao mesmo tempo de Virgem e de Mãe, Maria projeta continuamente luz sobre aquilo que o Criador quis para a mulher de todos os tempos, inclusive o nosso. Ou melhor, talvez sobretudo o nosso, em que — como sabemos — é ameaçada a própria essência da feminilidade. A sua Virgindade e a sua Maternidade enraízam o mistério da mulher em um destino altíssimo, do qual ela não pode ser arrancada. Maria é a intrépida anunciadora do *Magnificat*: mas é também aquela que torna fecundo o silêncio e o escondimento. É aquela que não teme ficar ao pé da cruz, que, como realça várias vezes o evangelista, "conserva e medita em seu coração" o que acontece ao seu redor. Criatura da coragem e da obediência, e, hoje e sempre, um exemplo para qual todo cristão — homem e mulher — pode e deve olhar».

Fátima e arredores

A uma das quatro seções da Congregação para a Fé (a seção chamada «disciplinar») compete o juízo sobre aparições marianas.

Pergunto-lhe: «Cardeal Ratzinger, o senhor leu o assim chamado «terceiro segredo de Fátima», aquele que foi enviado a João XXIII por Irmã Lúcia, a única sobrevivente do grupo dos videntes, e que o Papa, após tê-lo examinado, entregou ao seu predecessor, o Cardeal Ottaviani, para que o guardasse nos arquivos do Santo Ofício?».

A resposta é imediata e seca: «Sim, eu o li».

«Circulam pelo mundo — continuo eu — versões jamais desmentidas que descrevem os conteúdos desse segredo como inquietantes, apocalípticos, anunciadores de terríveis sofrimentos. O próprio João Paulo II, na sua visita pastoral à Alemanha, pareceu confirmar (embora com prudentes perífrases, privadamente e com um grupo de convidados qualificados) o conteúdo desse texto, certamente não confortador. Antes dele, Paulo VI, em sua peregrinação a Fátima parece ter acenado também aos temas apocalípticos do "segredo". Por que não se decidiu torná-lo público, também para evitar suposições temerárias?»

«Se até agora não se tomou esta resolução — responde ele — não é porque os Papas queiram esconder algo de terrível».

Portanto, insisto eu, "algo de terrível" há, naquele manuscrito de Irmã Lúcia?

«Mesmo que houvesse — replica ele, evitando de avançar demais no assunto — pois bem, isso só faria confirmar a parte já conhecida da mensagem de Fátima. Desse lugar foi lançado um sinal severo, que investe contra a leviandade reinante, um apelo à seriedade da vida e da história, uma recordação dos perigos que pairam sobre a humanidade. É o que o próprio Jesus lembra muitíssimas vezes, não temendo dizer: "Se não vos converterdes, perecereis todos" (Lc 13, 3). A conversão — e Fátima recorda-o plenamente — é uma exigência perene da vida cristã. Deveríamos já sabê-lo, da própria Escritura inteira».

Portanto, nenhuma publicação por enquanto?

«O Santo Padre julga que não acrescentaria nada ao que um cristão deve saber pela Revelação e, também, pelas aparições marianas aprovadas pela Igreja em seus conteúdos conhecidos, que não fazem senão confirmar a urgência da penitência, da conversão, do perdão e do jejum. Publicar o «terceiro segredo» de Fátima significaria também expor-se ao perigo das utilizações sensacionalistas do seu conteúdo».

Também, talvez, implicações políticas, arrisco eu, visto que — como nos dois outros "segredos" — parece que também neste a Rússia é mencionada?

Neste ponto, porém, o Cardeal afirma não querer avançar mais no assunto e se recusa com firmeza a abordar outros detalhes. Por outro lado, enquanto realizávamos nossa conversa, o Papa tinha, pouco antes, procedido à reconsagração do mundo (com uma menção especial ao Leste europeu) ao Coração Imaculado de Maria, justamente segundo a exortação da Senhora de Fátima. E foi o próprio João Paulo II que, ferido por um atentado em um dia 13 de maio, aniversário da primeira aparição na localidade portuguesa, dirigiu-se a Fátima em peregrinação de agradecimento a Maria, «cuja mão (disse) guiou milagrosamente o projétil», parecendo referir-se aos prenúncios que, através de um grupo de crianças, foram transmitidos à humanidade e que diziam respeito também à pessoa do pontífice.

Permanecendo no tema, é conhecido que atualmente, desde alguns anos, um vilarejo da Iugoslávia, Medjugorje, está no centro da atenção mundial por causa de renovadas aparições que — verdadeiras ou presumidas que sejam — vêm atraindo milhões de peregrinos, mas provocaram também lastimáveis polêmicas entre os franciscanos responsáveis pela paróquia e o bispo da diocese local. É previsível uma intervenção esclarecedora da Congregação para a Doutrina da Fé, instância suprema na matéria, naturalmente com a aprovação do Papa, indispensável para todos os seus documentos?

Responde: «Nesse campo, mais do que qualquer coisa, a paciência é um elemento fundamental da política de nossa Congregação. Nenhuma aparição é indispensável à fé, estando a Revelação encerrada com Jesus Cristo. Ele mesmo é a Revelação. Mas certamente não podemos impedir a Deus de falar a este nosso tempo através de pessoas simples e também por meio de sinais extraordinários que denunciam a insuficiência das culturas que nos dominam, marcadas pelo racionalismo e pelo positivismo. As aparições que a Igreja aprovou oficialmente — antes de tudo Lourdes e, também, Fátima — têm um lugar preciso no desenvolvimento da vida da Igreja e no último século. Mostram, entre outras coisas, que a Revelação — embora sendo única, encerrada e, por conseguinte, não superável — não é coisa morta, e sim viva e vital. De resto — além de Medjugorje, sobre a qual não posso exprimir julgamento algum, uma vez que o caso ainda se encontra sob exame por parte da Congregação — um dos sinais do nosso tempo é que as indicações de "aparições" marianas estão se multiplicando no mundo. Também da África, por exemplo, e de outros continentes chegam relatórios à nossa seção competente».

Mas, pergunto-lhe, além do elemento tradicional da paciência e da prudência, em que critérios se apoia a Congregação para emitir um juízo, diante da multiplicação de tais fatos?

«Um dos nossos critérios — diz ele — é separar o aspecto da verdadeira ou presumida "sobrenaturalidade" da aparição do aspecto de seus frutos espirituais. As peregrinações da cristandade antiga dirigiam-se a lugares a propósito dos quais o nosso espírito crítico de modernos permaneceria, de vez em quando, perplexo quanto à "verdade científica" da tradição que lhes é ligada. O que não elimina que aquelas peregrinações fossem frutuosas, benéficas, importantes para a vida do povo cristão. O problema não é tanto o da hipercrítica moderna, que acaba por se tornar, depois, uma nova forma de credulidade, entre outras coisas, mas o da avaliação da vitalidade e da ortodoxia da vida religiosa que se desenvolve em torno desses lugares».

Capítulo

VIII

UMA ESPIRITUALIDADE PARA HOJE

A fé e o corpo

Reconhecidas ou não, as "mensagens das aparições marianas" suscitam problemas também porque parecem caminhar em uma direção pouco identificada com certa "espiritualidade pós-conciliar".

Ele me interrompe: «Repito que não gosto dos termos *pré* ou *pós*-conciliar; aceitá-los significaria aceitar a ideia de uma fratura na história da Igreja. Nas "aparições" há frequentemente uma participação do corpo (sinais da cruz, água benta, apelo ao jejum), mas tudo isso está plenamente na linha do Vaticano II, que insistiu na unidade do homem, portanto na encarnação do Espírito na carne».

O jejum a que se refere parece até ocupar uma posição central em muitas dessas "mensagens".

«Jejuar significa aceitar um aspecto essencial da vida cristã. É necessário redescobrir também o aspecto corporal da fé: a abstenção de alimento é um desses aspectos. Sexualidade e alimentação são elementos centrais da realidade física do homem. Ora, ao declínio da compreensão da virgindade correspondeu o declínio da compreensão do jejum. E estes dois declínios são, ambos, ligados a uma única raiz: o atual obscurecimento da tensão escatológica da fé católica, isto é, a tensão rumo à vida eterna. Ser virgem e saber renunciar periodicamente ao alimento é testemunhar que a vida eterna nos aguarda, ou melhor, que já se encontra entre nós, é testemunhar que "a cena deste mundo passa" (1 Cor 7, 31). Sem virgindade e sem jejum, a Igreja não é mais Igreja, limitando-se à história. Por isso devemos olhar, como um exemplo, para os irmãos das Igrejas ortodoxas do Oriente — também hoje — grandes mestres do autêntico ascetismo cristão».

Mas, observo eu, se as "formas corporais" de expressão da fé parecem desaparecer entre a base católica (sobrevivendo, talvez, em restritas *élites* de enclausurados) é também por causa da orientação da Igreja institucional: sextas-feiras, vigílias, quaresmas, adventos e outros "tempos fortes" foram mitigados nestes últimos anos por determinações sucessivas provenientes de Roma.

«É verdade, mas a intenção era boa — diz ele —. Tratava-se de eliminar as suspeitas de legalismo, a tentação de transformar a religião em práticas externas. Continua confirmado que jejuns, abstinências e outras "penitências" devem continuar dependendo da responsabilidade pessoal. Mas é urgente também reencontrar expressões comuns de penitência eclesial. Além do que, em um mundo onde, em tantas regiões, se morre de fome, devemos dar um testemunho visível e comunitário de uma privação de alimento aceita livremente, por amor».

Diferentes com relação ao "mundo"

Para ele, no entanto, o problema é mais geral: «Também aqui devemos redescobrir a coragem do não-conformismo diante das tendências do mundo opulento. Em vez de seguir o espírito da época, devemos ser nós a marcar de novo esse espírito com a austeridade evangélica. Perdemos o sentido de que os cristãos não podem viver como vive um outro qualquer. A opinião tola segundo a qual não existiria uma moral cristã específica é somente uma expressão particularmente avançada da perda de um conceito básico: a "diferença do cristão" com relação aos modelos do "mundo". Também em algumas ordens e congregações religiosas trocou-se a verdadeira reforma por um relaxamento da austeridade tradicional. Trocou--se a renovação com a *acomodação*. Para dar um pequeno e significativo exemplo: um religioso contou-me que a dissolução do seu convento começara — muito concretamente — quando se declarou "não mais praticável" o despertar dos frades para a recitação do ofício noturno previsto pela liturgia. Pois bem, esse indubitável, mas significativo "sacrifício", foi substituído pela permanência diante da televisão até tarde da noite. Aparentemente, é um pequeno caso: mas é de "pequenos casos" como este que é feito o declínio atual da indispensável austeridade da vida cristã. A começar pela dos religiosos».

Completando o seu pensamento, continua ele: «Hoje, mais do que nunca, o cristão deve ser consciente de pertencer a uma minoria e de estar em contraste com aquilo que é considerado bom, óbvio e lógico pelo "espírito do mundo", como o chama o Novo Testamento. Entre as tarefas mais urgentes do cristão está a reconquista da capacidade de se opor a muitas tendências da cultura que nos rodeia, renunciando a certa solidariedade pós-conciliar por demais eufórica».

Portanto, ao lado da *Gaudium et Spes* (o texto do Concílio sobre as relações entre Igreja e mundo), podemos manter ainda a *Imitação de Cristo*.

«Trata-se, obviamente, de duas espiritualidades muito diversas: A *Imitação* é um texto que reflete a grande tradição monástica medieval. Mas o Vaticano II não queria de modo algum tirar dos bons as coisas boas».

E a *Imitação de Cristo* (tomada, é claro, como símbolo de uma certa espiritualidade) encontra-se ainda entre as coisas "boas"?

«Mais ainda: entre os objetivos mais urgentes do católico moderno está exatamente a reconquista dos elementos positivos de uma espiritualidade como aquela, com a sua noção de separação qualitativa entre mentalidade de fé e mentalidade mundana. Certamente, existe na *Imitação* uma acentuação unilateral da relação privada do cristão com o seu Senhor. Mas em muitíssimas produções teológicas contemporâneas existe uma compreensão insuficiente da interioridade espiritual. Condenando em bloco e sem apelação a *fuga saeculi* que se encontra no centro da espiritualidade clássica, não se percebeu que nessa "fuga", havia também um aspecto social. Fugia-se do mundo não para abandoná-lo a si mesmo, mas para recriar, em lugares do espírito, uma nova possibilidade de vida cristã e, portanto, humana. Percebia-se a alienação da sociedade e — reconstruindo-se no eremitério ou no mosteiro — oásis visíveis, esperanças de salvação para todos».

Faz-nos refletir: vinte anos atrás dizia-se, de todos os modos, que o problema mais urgente do católico era encontrar uma espiritualidade "nova", "comunitária", "aberta", "não-sacral", "secular" "solidária com o mundo". Agora, após tanto vagar, descobre-se que a tarefa urgente é redescobrir um ponto de ligação com a espiritualidade antiga, a da "fuga do século".

«O problema — replica ele — é novamente o do equilíbrio a ser reencontrado. Para além das legítimas, mesmo preciosas, vocações monásticas e eremíticas, o crente é obrigado a viver o não fácil equilíbrio entre a justa encarnação na história e a indispensável tensão rumo à eternidade. É esse equilíbrio que impede sacralizar o compromisso terreno, mas, ao mesmo tempo, impede que se recaia na acusação de "alienação"».

O desafio das seitas

Insistência escatológica, fuga do mundo, apelos exagerados à "mudança de vida", à "conversão", participação do corpo (abstenção de álcool, do fumo, muitas vezes da carne, "penitência" de vários tipos) são características de quase todas as seitas que continuam a se expandir entre os ex-fiéis das igrejas cristãs "oficiais". O fenômeno assume, ano após ano, dimensões sempre mais impressionantes. Existe uma estratégia comum da Igreja para responder a tal avanço?

«Existem iniciativas individuais de bispos e de episcopados — responde o Prefeito —. Certamente devemos estabelecer uma linha comum de ação entre as Conferências Episcopais e os competentes organismos da Santa Sé e, na medida do possível, com outras grandes comunidades eclesiais. Deve-se dizer, no entanto, que o cristianismo sempre conheceu faixas de espíritos religiosos expostos ao fascínio desse tipo de anúncio excêntrico, heterodoxo».

Agora, porém, essas "faixas" parecem transformar-se em fenômenos de massa.

«A sua expansão — diz ele — mostra também os vazios e carências do nosso anúncio e da nossa práxis. Por exemplo: o escatologismo radical, o milenarismo que caracterizam muitas dessas seitas pode avançar graças ao desaparecimento, em muitas pastorais, desse aspecto do autêntico catolicismo. Há nessas seitas uma sensibilidade (que nelas é levada ao extremo, mas que, em medida equilibrada é autenticamente cristã) aos perigos do nosso tempo e, por isso, a uma possibilidade do fim iminente da história. A valorização correta de mensagens como a de Fátima poderia ser um tipo nosso de resposta: a Igreja, acolhendo a mensagem viva de Cristo, dada através de Maria a nosso tempo, sente a ameaça da ruína de cada um e de todos, e responde com uma penitência, uma conversão decidida».

Para o Cardeal, no entanto, a resposta mais radical às seitas passa através "da redescoberta da identidade católica: é preciso uma nova evidência, uma nova alegria, se posso dizer, um novo "orgulho" (que não contradiz a indispensável humildade) de sermos católicos. Deve-se lembrar, além disso, que esses grupos atraem também porque propõem às pessoas, sempre mais sozinhas, isoladas, inseguras, uma espécie de "pátria da alma", o calor de uma comunidade. E justamente esse calor, essa vida que, infelizmente, parece faltar frequentemente entre nós lá onde as paróquias, esses núcleos básicos irrenunciáveis, souberam revitalizar-se, oferecendo o sentido da pequena igreja que vive em união com a grande Igreja; lá os sectários não puderam se estabelecer de modo significativo. A nossa catequese, além disso, deve desmascarar o ponto sobre o qual insistem esses novos "missionários": a impressão, isto é, de que a Escritura é lida por eles de modo "literal", enquanto os católicos a teriam enfraquecido ou esquecido. Essa *literalidade* é frequentemente a traição da *fidelidade*. O isolamento de frases individuais e de versículos desvia, faz perder de vista a totalidade: lida no seu conjunto, a Bíblia é realmente "católica". Mas é preciso que isso seja demonstrado através de uma pedagogia catequética que habitue à leitura da Escritura na Igreja e com a Igreja".

Capítulo
IX

LITURGIA, ENTRE O
ANTIGO E O NOVO

Riquezas a serem salvas

Cardeal Ratzinger, podemos falar um pouco sobre a liturgia, sobre a reforma litúrgica? É um problema entre os mais debatidos e espinhosos, um dos cavalos-de-batalha da anacrônica reação anticonciliar, do integrismo patético de Lefebvre, o bispo revoltado justamente por causa de certas atualizações [*aggiornamenti*] litúrgicas nas quais julga sentir odor de enxofre, de heresia...

Ele me interrompe logo para esclarecer: «Diante de certos modos concretos de reforma litúrgica e, sobretudo, diante das posições de certos liturgistas, a área de desagrado é mais ampla que a do integrismo anticonciliar. Dito com outras palavras: nem todos os que exprimem um tal desagrado devem, por isso, ser necessariamente integristas».

Está querendo dizer que a suspeita ou até mesmo o protesto com relação a certo liturgismo pós-conciliar seriam legítimos também para um católico distante do tradicionalismo extremo? Para um católico que não se encontra adoecido pela nostalgia, mas disposto a aceitar inteiramente o Vaticano II?

«Por trás das maneiras distintas de se conceber a liturgia — responde ele — existem, como quase sempre, modos diversos de se conceber a Igreja, portanto Deus e o relacionamento do homem com Ele. O tema litúrgico não é marginal: foi o próprio Concílio que recordou que nos encontramos aqui no coração da fé cristã».

Os pesados encargos romanos impedem Joseph Ratzinger, por razões de tempo, mas também de oportunidade, de continuar publicando, como gostaria, artigos científicos e livros. Mas, para confirmar a importância que atribui ao assunto litúrgico, uma das poucas obras que publicou, nestes últimos anos, é *Das Fest des Glaubens*, "A Festa da Fé". Trava-se justamente de uma coletânea de breves monografias sobre a liturgia e sobre um certo "aggiornamento", em relação ao qual se declarava perplexo já dez anos após a conclusão do Vaticano II.

Tiro da bolsa aquele recorte de 1975 e leio: «A abertura da liturgia às línguas populares era fundada e justificada: também o Concílio de Trento tinha-a presente, pelo menos em nível de possibilidade. Seria, pois, falso dizer, como certos integristas, que a criação de novos cânones para a Missa contradiz a Tradição da Igreja. No entanto, falta ainda ver até que ponto cada uma das etapas da reforma litúrgica, depois do Vaticano II, foram realmente melhorias e não, pelo contrário, banalizações; até que ponto foram pastoralmente sábias, e não, pelo contrário, inconsideradas».

Continuo a ler trechos dessa contribuição de Joseph Ratzinger, naquela época professor de teologia, mas já prestigiado membro da Pontifícia Comissão Teológica Internacional: «Também com a simplificação e a formulação mais compreensível da liturgia, é claro que deve ser salvaguardado também o mistério da ação de Deus na Igreja; e, por isso, a fixação da substância litúrgica intocável pelos sacerdotes e pela comunidade, como também o seu caráter plenamente eclesial». «Portanto — exortava o professor Ratzinger — devemos nos opor, mais decididamente do que tem sido feito até agora, ao nivelamento racionalista, aos discursos aproximativos, ao infantilismo pastoral, que degradam a liturgia católica à categoria de uma associação de aldeia e que querem rebaixar a liturgia católica ao nível de revista em quadrinhos. Mesmo as reformas já efetuadas, especialmente no que diz respeito ao ritual, devem ser reexaminadas sob este ponto de vista».

Ouve-me, com a atenção e a paciência costumeiras, enquanto leio essas suas palavras. Passaram-se dez anos, o autor de semelhante advertência não é mais um simples estudioso, mas o defensor da ortodoxia mesma da Igreja. O Ratzinger de hoje, Prefeito da Fé, reconhece-se ainda nesse texto?

«Inteiramente — não hesita ele em me responder —. Mais ainda depois que escrevi estas linhas, outros aspectos que deveriam ser salvaguardados foram colocados de lado, riquezas que sobreviviam foram dilapidadas. Naquela época, em 1975, muitos colegas teólogos se disseram revoltados com a minha denúncia, ou pelo menos surpresos. Atualmente, mesmo entre eles são numerosos os que me dão razão, pelo menos parcialmente». Verificaram-se, portanto, ulteriores equívocos e falsas concepções que justificariam ainda mais as palavras severas de seis anos depois, no livro recente a que citávamos: «Certa liturgia pós-conciliar, tornada opaca ou enfadonha por causa de seu gosto pelo banal e pelo medíocre, capaz de provocar calafrios...».

A língua, por exemplo...

Para ele, exatamente no campo litúrgico — tanto nos estudos dos especialistas como em certas aplicações concretas, pode-se constatar «um dos exemplos mais evidentes da diferença entre o que diz o texto autêntico do Vaticano e o modo como, a seguir, ele foi acolhido e aplicado».

Exemplo por demais famoso e conhecido, como também exposto ao risco de instrumentalizações, é o do uso do latim, sobre o qual o texto conciliar é explícito: «O uso da língua latina, salvaguardados direitos particulares, seja conservado nos ritos latinos" (*Sacrosanctum Concilium*, n. 36). Mais adiante, recomendam os Padres conciliares: "Cuide-se (...) para que os fiéis saibam rezar e cantar juntos, também em língua latina, as partes do Ordinário da Missa que lhes compete" (n. 34). Mais adiante ainda, no mesmo documento: "Segundo a secular tradição do rito latino, para os clérigos seja conservada a língua latina na recitação do ofício divino» (n. 101).

A finalidade da conversa com o Cardeal Ratzinger, dizíamos ao início, não era, por certo, apresentar o nosso ponto de vista pessoal, mas sim referir o do entrevistado.

No entanto, pessoalmente — embora isso pouco importe — achamos um tanto grotesca a atitude de "viúvos" e "órfãos" daqueles que choram um passado definitivamente encerrado e não temos saudade, de forma alguma, de uma liturgia em latim que conhecemos somente em seu último e cansado período de vida. Entretanto, lendo os documentos conciliares, pode-se compreender o que quer dizer o Cardeal Ratzinger: é um fato objetivo que, mesmo se limitando apenas ao uso da língua latina, salta à vista o contraste entre os textos do Vaticano II e suas sucessivas aplicações concretas.

Não se trata de recriminar, mas de saber, através de uma voz autorizada, como foi possível verificar-se este *gap*.

Vejo-o balançar a cabeça: «Que fazer? Também este é um dos casos de defasagem — infelizmente muito frequente nestes anos — entre o teor do Concílio, a estrutura autêntica da Igreja e do seu culto, as verdadeiras exigências pastorais do momento e as respostas concretas de certos setores clericais. E, no entanto, a língua litúrgica não era de modo algum um aspecto secundário. Na origem da separação entre o Ocidente latino e o Oriente grego existe também uma questão de incompreensão linguística. É provável que o desaparecimento da língua litúrgica comum possa reforçar os impulsos centrífugos entre as várias áreas católicas». Acrescenta, porém, imediatamente: «Para explicar o rápido e quase total abandono da antiga língua litúrgica comum, é preciso, na verdade, referir-se também a uma mudança cultural da instrução pública no Ocidente. Como professor, ainda nos inícios dos anos 60, podia-me dar ao luxo de ler um texto latino a jovens provenientes das escolas secundárias alemãs. Hoje isso não é mais possível».

«Pluralismo, mas para todos»

A propósito do latim: nos dias de nossa conversa, não era pública ainda a decisão do Papa que, com carta de 3 de outubro de 1984, concedia o discutido "indulto" aos padres que quisessem celebrar a missa usando o missal romano de 1962, justamente em latim. Isto é, trata-se da possibilidade de um retorno (embora bastante delimitado) à liturgia pré-conciliar, desde que, diz-se na carta, «conste com clareza, também publicamente, que tais sacerdotes e respectivos fiéis de nenhuma maneira partilhem das posições daqueles que põem em dúvida a legitimidade e exatidão doutrinal do Missal Romano promulgado pelo Papa Paulo VI em 1970»; e desde que a celebração segundo o velho rito «aconteça nas igrejas e oratórios indicados pelo bispo, não, porém, em igrejas paroquiais, a menos que o ordinário do lugar o tenha concedido, em casos extraordinários». Apesar desses limites e das severas advertências («de modo algum a concessão do indulto deverá ser usada de forma a causar prejuízo à observância fiel da reforma litúrgica»), a decisão do Papa suscitou polêmicas.

A perplexidade foi também nossa, mas devemos referir o que o Cardeal Ratzinger nos disse em Bressanone: embora sem nos falar da medida — que, evidentemente, já tinha sido decidida e da qual certamente estava ao corrente —, ele nos acenou com uma tal possibilidade. Esse "indulto", para ele, não deveria ser visto sob a égide de uma "restauração", mas, pelo contrário, no clima daquele "legítimo pluralismo" sobre o qual tanto insistem o Vaticano II e seus exegetas.

Com efeito, esclarecendo que falava "a título pessoal", o Cardeal nos disse: «Antes de Trento, a Igreja admitia em seu seio uma diversidade de ritos e de liturgias. Os Padres tridentinos impuseram a toda a Igreja a liturgia da cidade de Roma, salvaguardando apenas, entre as liturgias ocidentais, as que tivessem mais de dois séculos de existência. Era o caso, por exemplo, do rito ambrosiano da diocese de Milão. Se servisse para nutrir a religiosidade de algum crente, para respeitar a *pietas* de certos setores católicos, eu pessoalmente seria favorável ao retorno da situação antiga, isto é, a um certo pluralismo litúrgico. Desde que, evidentemente, fosse salvaguardado o caráter *ordinário* dos ritos reformados e se indicasse claramente o âmbito e o modo de um caso *extraordinário* de concessão da liturgia pré-conciliar». Mais que um *auspício* seu, visto que pouco mais de um mês depois deveria se realizar.

Ele mesmo, de resto, em seu *Das Fest des Glaubens*, tinha recordado que, «também em campo litúrgico, dizer catolicidade não significa dizer uniformidade», denunciando que, «pelo contrário, o pluralismo pós-conciliar mostrou-se estranhamente uniformizante, quase coercitivo, não mais permitindo níveis diversos de expressão da fé, embora dentro do mesmo quadro ritual».

Um espaço para o Sagrado

Para retornar ao discurso geral: o que reprova o Prefeito em certa liturgia de hoje? (Ou, talvez, não propriamente de hoje, visto que, como ele observa, «parece que se vão atenuando certos abusos dos anos pós-conciliares; tenho a impressão de que está tomando forma uma nova tomada de consciência, de que alguns estejam percebendo que correram demais e muito depressa». «Mas — acrescenta ele — esse novo equilíbrio é, por enquanto, de *élite*, diz respeito a alguns círculos de especialistas, enquanto a onda, por eles posta em movimento, chega agora às bases. Assim, pode acontecer que algum sacerdote e algum leigo se entusiasmem com atraso, julgando avançado o que os peritos defendiam ontem, enquanto esses mesmos especialistas, hoje, se mantêm em posições diferentes, talvez até mais tradicionais».

De qualquer maneira, o que para Ratzinger deve ser reencontrado plenamente é o «caráter predeterminado, não-arbitrário, "imperturbável", "impassível", do culto

LITURGIA, ENTRE O ANTIGO E O NOVO
J. RATZINGER — V. MESSORI

litúrgico». «Houve anos — recorda ele — em que os fiéis, preparando-se para participar de um rito, da própria missa, perguntavam-se de que maneira, naquele dia, se desencadearia a "criatividade" do celebrante...». E acrescenta: «O que se opunha, aliás, à advertência severa e solene do Concílio: Que nenhum outro *(fora da Santa Sé e da hierarquia episcopal,* n.d.r.), que ninguém, mesmo sacerdote, ouse, por sua própria iniciativa, acrescentar, eliminar ou suprimir qualquer coisa em matéria litúrgica» (*Sacrosanctum Concilium*, n. 22).

Acrescenta: «A liturgia não é um *show*, um espetáculo que necessite de diretores geniais e de atores de talento. A liturgia não vive de surpresas "simpáticas", de invenções "cativantes", mas de repetições solenes. Não deve exprimir a atualidade e o seu efêmero, mas o mistério do Sagrado. Muito pensaram e disseram que a liturgia deve ser "feita" por toda a comunidade para ser realmente sua. É um modo de ver que levou a avaliar o seu "sucesso" em termos de eficácia espetacular de entretenimento. Desse modo, porém, terminou por dispensar o *proprium* litúrgico, que não deriva daquilo que nós fazemos, mas do fato de que aqui acontece algo que nós todos juntos não podemos, de modo algum, fazer. Na liturgia age uma força, um poder que nem mesmo a Igreja inteira pode atribuir-se: o que nela se manifesta é o absolutamente Outro que, através da comunidade (que não é, portanto, dona, mas serva, mero instrumento), chega até nós».

Continua: «Para o católico, a liturgia é a Pátria comum, é a fonte mesma da sua identidade. Também por isso ela deve ser "pré-determinada", "imperturbável", porque através do rito se manifesta a Santidade de Deus. Ao contrário, a revolta contra aquilo que foi chamado "a velha rigidez rubricista", acusada de inibir a "criatividade", arrastou também a liturgia ao vórtice do "faça-você-mesmo", banalizando-a, porque a tornou conforme à nossa medíocre medida».

Há pois, uma outra ordem de problemas sobre os quais Ratzinger quer chamar a atenção: «O Concílio recordou-nos, com razão, que a liturgia significa também *actio*, ação e pediu que aos fiéis seja assegurada uma *actuosa participatio*, uma participação ativa».

Parece-me uma coisa ótima, digo eu.

«Certamente — confirma ele —. É um conceito sacrossanto que, porém, nas interpretações pós-conciliares, sofreu uma restrição fatal. Isto é, surgiu a impressão de que só haveria uma "participação ativa" onde houvesse uma atividade externa, verificável: discursos, palavras, cantos, homilias, leituras, apertos de mão. Mas ficou no esquecimento que o Concílio inclui na *actuosa participatio* também o silêncio, que permite uma participação realmente profunda, pessoal, possibilitando-nos a escuta interior da Palavra do Senhor. Ora, desse silêncio, em certos ritos, não sobrou nenhum vestígio».

Sons e arte para o Eterno

Encontra aqui seu ponto de referência uma conversa sobre a música sacra, aquela música tradicional do Ocidente católico, para a qual o Vaticano II não mediu palavras de louvor, exortando não somente a salvar, mas a incrementar «com a máxima diligência» o que ele chama «o tesouro da Igreja» e, portanto, da humanidade inteira. E, apesar disso?

LITURGIA, ENTRE O ANTIGO E O NOVO
J. RATZINGER — V. MESSORI

«Ao invés, muitos liturgistas puseram de lado esse tesouro, declarando-o "acessível a poucos", puseram-no de lado em nome da compreensão por todos e em todos os momentos da liturgia pós-conciliar. Portanto, não mais "música sacra" — relegada quando muito a ocasiões especiais, nas catedrais — mas somente "música utilitária", cançonetas, melodias fáceis, coisas corriqueiras".

Também aqui o Cardeal consegue mostrar com facilidade o afastamento teórico e prático do Concílio, «segundo o qual, além do mais, a música sacra é, ela mesma, liturgia, e não um simples embelezamento acessório». E, segundo ele, seria fácil também demonstrar, na prova dos fatos, como «o abandono da beleza» mostrou-se uma causa de «derrota pastoral».

Diz: «Torna-se cada vez mais perceptível o pavoroso empobrecimento que se manifesta onde se expulsou a beleza, sujeitando-se apenas ao útil. A experiência tem demonstrado que a limitação apenas à categoria do "compreensível para todos" não tornou as liturgias realmente mais compreensíveis, mais abertas, somente as fez mais pobres. Liturgia "simples" não significa mísera ou barata: existe a simplicidade que provém do banal e uma outra que deriva da riqueza espiritual, cultural e histórica». "Também nisso — continua ele — deixou-se de lado a grande música da Igreja em nome da "participação ativa": mas essa "participação" não pode, talvez, significar também o perceber com o espírito, com os sentidos? Não existe nada de "ativo" na escuta, na intuição, no comover-se? Não há, aqui, um diminuir o homem, reduzindo-o apenas à expressão oral, exatamente quando sabemos que aquilo que existe em nós de racionalmente consciente e que emerge à superfície é apenas a ponta de um *iceberg*, com relação ao que é a nossa totalidade? Questionar tudo isso não significa, evidentemente, opor-se ao esforço para fazer cantar todo o povo, opor-se à "música utilitária": significa opor-se a um exclusivismo (*somente* tal música), não justificado nem pelo Concílio nem pelas necessidades pastorais».

Este discurso sobre a música sacra — entendida também como símbolo da presença da beleza "gratuita" na Igreja — é particularmente importante para Joseph Ratzinger, que lhe dedicou páginas vibrantes: «Uma Igreja que se limite apenas a fazer música "corrente" cai na incapacidade e torna-se, ela mesma, incapaz. A Igreja tem o dever de ser também «cidade da glória», lugar em que se reúnem e se elevam aos ouvidos de Deus as vozes mais profundas da humanidade. A Igreja não pode se satisfazer apenas com o ordinário, com o usual: deve reavivar a voz do cosmos, glorificando o Criador e revelando ao próprio cosmos a sua magnificência, tornando-o belo, habitável e humano».

Também aqui, como para o latim, fala-me de uma "mutação cultural", ou, mais ainda, quase de uma "mutação antropológica", sobretudo nos jovens, "cujo sentido acústico foi corrompido e degenerado, a partir dos anos 60, pela música *rock* e por outros produtos semelhantes". Tanto que (e alude aqui também às suas experiências pastorais na Alemanha) hoje seria «difícil fazer ouvir ou pior ainda, fazer cantar a muitos jovens até mesmo os antigos corais da tradição alemã».

O reconhecimento das dificuldades objetivas não lhe impede uma defesa apaixonada não apenas da música, mas da arte cristã em geral e de sua função de reveladora da verdade. «A única, a verdadeira apologia do cristianismo pode se reduzir a dois argumentos: *os santos* que a Igreja produziu e *a arte* que germinou em seu seio. O Senhor torna-se crível pela magnificência da santidade e da arte, que explodem dentro da comunidade crente, mais do que pelas astutas escapatórias que a apologética elaborou para justificar os lados obscuros de que abundam, infelizmente, nas vicissitudes humanas da Igreja. Se a Igreja, portanto, deve continuar a converter, a humanizar o mundo, como pode, na sua liturgia, renunciar à beleza, que está unida de modo inseparável ao amor e, ao mesmo tempo, ao esplendor da Ressurreição? Não, os cristãos não devem se contentar facilmente, devem continuar fazendo de sua Igreja o lar do belo — portanto do verdadeiro — sem o qual o mundo se torna o primeiro círculo do inferno».

Fala-me de um teólogo famoso, um dos líderes do pensamento pós-conciliar, que lhe confessava sem problemas que se sentia um "bárbaro". E comenta: «Um teólogo que não ame a arte, a poesia, a música, a natureza, pode ser perigoso. Essa cegueira e surdez ao belo não é secundária, reflete-se necessariamente também na sua teologia».

Solenidade, não triunfalismo

Ainda nesta linha, Ratzinger não está totalmente convencido da validade de certas acusações de "triunfalismo", em nome das quais jogou-se fora, com excessiva facilidade, muito da antiga solenidade litúrgica: «Não é, certamente, triunfalismo de forma alguma a solenidade do culto com que a Igreja exprime a beleza de Deus, a alegria da fé, a vitória da verdade e da luz sobre o erro e as trevas. A riqueza litúrgica não é riqueza de uma casta sacerdotal, é riqueza de todos, também dos pobres, que, com efeito, a desejam e não se escandalizam absolutamente com ela. Toda a história da piedade popular mostra que mesmo os mais desprovidos sempre estiveram dispostos instintiva e espontaneamente a privar-se até mesmo do necessário, a fim de honrar, com a beleza, sem nenhuma mesquinhez, ao seu Senhor e Deus».

Como exemplo, faz referência ao que ouviu em uma de suas últimas viagens à América do Norte: «As autoridades da Igreja anglicana de Nova York tinham decidido suspender os trabalhos da nova catedral. Julgavam-na luxuosa demais, quase um insulto ao povo, a quem tinham decidido distribuir a quantia de dinheiro já arrecadada. Pois bem, foram os próprios pobres que recusaram aquele dinheiro, exigindo a retomada dos trabalhos, não compreendendo aquela estranha ideia de medir o culto a Deus, de renunciar à solenidade e à beleza, quando se está diante d"Ele».

Sob a acusação do Cardeal estariam também certos intelectuais cristãos, um certo esquematismo aristocrático próprio deles, elitista, desligado daquilo que o "povo de Deus" realmente crê e deseja: «Para um certo modernismo neoclerical, o problema das pessoas seria o de se sentirem oprimidas pelos "tabus sacrais". Mas, quando muito, isso é problema deles mesmos, de clérigos em crise. O drama dos nossos contemporâneos é, pelo contrário, viver em um mundo de uma sempre maior profanidade sem esperança. A verdadeira exigência hoje difusa não é a de uma liturgia secularizada, mas, pelo contrário, a de um novo encontro com o Sagrado, através de um culto que deixe perceber a presença do Eterno».

Mas está sob acusação também o que ele define como «o arqueologismo romântico de certos professores de liturgia, segundo os quais tudo o que se fez, depois de Gregório I Magno, deveria ser eliminado como uma incrustação, um sinal de decadência. Como critério da renovação litúrgica não apresentam eles a pergunta: *"Como deve ser hoje?"*, mas uma outra: *"Como era então?"*. Esquece-se que a Igreja é viva, que sua liturgia não pode ser petrificada naquilo que se fazia na cidade de Roma antes da Idade Média. Na realidade, a Igreja medieval (ou mesmo, em certos casos, a Igreja barroca) realizou um aprofundamento litúrgico que é necessário avaliar com atenção, antes de eliminá-lo. Também aqui devemos respeitar a lei católica do sempre melhor e mais profundo conhecimento do patrimônio que foi confiado. O puro arcaísmo não serve, assim como não serve a mera modernização».

Para Ratzinger, além disso, a vida cultual do católico não pode ser reduzida apenas ao aspecto "comunitário: nela deve continuar a existir também um lugar para a devoção privada, embora orientada para o "orar juntos", isto é, para a liturgia.

Eucaristia: no coração da fé

A seguir, ele acrescenta: «A liturgia, para alguns, parece reduzir-se apenas à eucaristia, vista sob o único aspecto de "banquete fraterno". Mas a missa não é apenas refeição entre amigos, reunidos para comemorar a última ceia do Senhor mediante a partilha do pão. A missa é sacrifício comum da Igreja, no qual o Senhor ora conosco, por nós e a nós se dá. É a renovação sacramental do sacrifício de Cristo. Portanto, a sua eficácia salvífica se estende a todos os homens, presentes e ausentes, vivos e mortos. Devemos reaver a consciência de que a eucaristia não é privada de valor se não se recebe a comunhão: nesta consciência, problemas dramaticamente urgentes, como a admissão dos divorciados casados novamente, podem perder muito de seu peso opressivo".

Gostaria de compreender melhor, digo.

"Se a eucaristia — explica ele — é vivida apenas como o banquete de uma comunidade de amigos, quem é excluído da recepção dos Sagrados Dons é realmente excluído da fraternidade. Mas, se se volta à visão completa da missa (refeição fraterna e, ao mesmo tempo, sacrifício do Senhor que tem força e eficácia em si, para quem se une a ele pela fé), então também quem não come esse pão participa igualmente, na sua medida, dos dons oferecidos a todos os outros».

À eucaristia e ao problema do seu "ministro" (que só pode ser quem tiver sido ordenado naquele «sacerdócio ministerial ou hierárquico», que, como reafirma o concílio, «difere essencialmente e não apenas em grau» do «sacerdócio comum dos fiéis», *Lumen Gentium*, n. 10) o Cardeal Ratzinger dedicou um dos primeiros documentos oficiais da Congregação para a Fé que trazem a sua assinatura. Na «tentativa de separar a eucaristia do liame necessário com o sacerdócio hierárquico» ele identifica um outro aspecto de certa "banalização" do mistério do Sacramento.

É o mesmo perigo que individua na diminuição da adoração diante do tabernáculo: «Esqueceu-se — diz ele

— que a adoração é um aprofundamento da comunhão. Não se trata de uma devoção "individualista", mas do prosseguimento ou da preparação do momento comunitário. É preciso, além disso, dar continuidade àquela prática da procissão de *Corpus Domini*, tão querida pelo povo (em Munique da Baviera, quando a guiava, participavam dela dezenas de milhares de pessoas). Também sobre ela os "arqueólogos" da liturgia tem o que falar, recordando que essa procissão não existia na Igreja romana dos primeiros séculos. Mas repito aqui o que já falei: Ao *sensus fidei* do povo católico deve ser reconhecida a possibilidade de aprofundar, de trazer à luz, século após século, todas as consequências do patrimônio que lhe foi confiado».

«Não há somente a missa»

Acrescenta: «A eucaristia é o núcleo central da nossa vida cultual, mas para que possa servir-lhe de centro precisa de um conjunto completo, no qual possa viver. Todas as pesquisas acerca dos efeitos da reforma litúrgica mostram que certa insistência pastoral somente na missa acaba por desvarolizá-la, porque está como que situada no vazio, não preparada e não seguida, como deve ser, por outros atos litúrgicos. A eucaristia pressupõe os outros sacramentos e a eles remete. Mas a eucaristia pressupõe também a oração pessoal, a oração em família e a oração comunitária extralitúrgica».

Em que está pensando, em particular?

«Penso em duas das mais ricas e fecundas orações do cristianismo que levam sempre e de novo à grande corrente eucarística): a *Via Crucis* e o *Rosário*. Depende também do fato de termos desempenhado essas orações se nós hoje nos encontramos expostos de modo assim insidioso aos engodos das práticas religiosas asiáticas». Com efeito, observa, «se o Rosário for rezado como a tradição indica, então ele nos embala ao ritmo da tranquilidade que nos faz dóceis e serenos e que dá um nome à paz: Jesus, o fruto bendito de Maria; Maria, que trouxe escondida na paz recolhida do seu coração a Palavra viva e pode, assim, tornar-se mãe da Palavra encarnada. Maria é, portanto, o ideal da autêntica vida litúrgica. É a Mãe da Igreja também porque nos aponta a tarefa e a meta mais alta do nosso culto: a glória de Deus, de quem vem a salvação dos homens".

Capítulo

X

SOBRE ALGUMAS "COISAS ÚLTIMAS"

O Diabo e a sua cauda

Entre as muitas coisas que me foram ditas pelo Cardeal Ratzinger e antecipadas pela reportagem que precedeu este livro, há um aspecto não precisamente central que parece ter monopolizado a atenção de muitos comentaristas. Como, aliás, era de se prever, vários artigos, (com seus correspondentes títulos) foram dedicados não tanto às severas análises teológicas, exegéticas e eclesiológicas do Prefeito da Congregação para a Doutrina da Fé — e, sim, aos acenos — (poucos parágrafos em dezenas de páginas) sobre aquela realidade que a tradição cristã indica com o nome de *"Diabo", "Demônio", "Satanás"*.

Por que os comentaristas concentraram sua atenção em um tema que, repetimos, de forma alguma, era central na fala do Prefeito?

Gosto pelo pitoresco, curiosidade divertida por aquilo que muitos (talvez até mesmo entre os cristãos) consideram como uma "sobrevivência folclórica", como um aspecto de qualquer forma "inaceitável para uma fé que se tornou adulta"? Ou trata-se de algo mais, mais profundo, uma inquietação mascarada pelo sorriso? Serena tranquilidade ou exorcismo que toma a forma de ironia?

Não nos compete responder. A nós cabe, quando muito, registrar o fato objetivo: não há assunto como o do "Diabo" para despertar imediatamente a frenética agitação dos *mass media* da sociedade secularizada.

É difícil esquecer o eco — imenso e não apenas irônico, ou melhor, às vezes raivoso — suscitado por um papa, Paulo VI. O qual, na alocução durante a audiência geral de 15 de novembro de 1972, retornou ao que havia dito no dia 29 de junho do mesmo ano, na Basílica de São Pedro, quando, aludindo à situação da Igreja, confidenciava: «Tenho a sensação de que a fumaça de Satanás penetrou no templo de Deus por alguma brecha». Acrescentara, a seguir, que, «se tantas vezes, no Evangelho, retorna nos lábios de Cristo a menção desse inimigo dos homens», também para os nossos tempos ele, Paulo VI, acreditava «em algo de preternatural vindo ao mundo para perturbar, para sufocar os frutos do Concílio Ecumênico e para impedir a Igreja de prorromper no hino de alegria, semeando a dúvida, a incerteza, a problemática, a inquietação, a insatisfação».

Já por ocasião daquelas primeiras alusões, levantaram-se murmúrios de protesto.

Este, no entanto, explode sem freios — durante meses, nos *media* do mundo inteiro — naquele 15 de novembro de 1972 que se tornou famoso: «O mal que existe no mundo é ocasião e efeito de uma intervenção em nós e na nossa sociedade de um agente obscuro e inimigo, o Demônio. O mal não é apenas uma deficiência, mas um ser vivo, espiritual, pervertido e pervertedor. Terrível realidade. Misteriosa e amedrontadora. Sai do quadro bíblico e eclesiástico quem se recusa a reconhecê-la como existente; ou quem faz dela um princípio que se basta a si mesmo, como se ela não tivesse, como toda criatura, origem em Deus; ou ainda a explica como uma pseudorrealidade, uma personificação conceitual fantástica das causas ignotas de nossas desgraças».

Após uma série de citações bíblicas em apoio do seu discurso, continuava Paulo VI: «O Demônio é o inimigo número um, é o tentador por excelência. Sabemos assim que esse ser obscuro e perturbador existe realmente e continua agindo, é o sofista insidiador do equilíbrio moral do homem, o pérfido encantador que sabe insinuar-se em nós (pela via dos sentidos, da fantasia, da concupiscência, da lógica utópica ou dos desordenados contatos sociais) para introduzir em nós desvios...».

O Papa lamentava, a seguir, a insuficiente atenção ao problema por parte da teologia contemporânea: «Seria um capítulo muito importante da doutrina católica, a ser reestudado, este sobre o Demônio e sobre o influxo que ele pode exercer, enquanto isso acontece pouco hoje».

Sobre o assunto, evidentemente em defesa da doutrina reapresentada pelo Papa, houve a intervenção da Congregação para a Doutrina da Fé, com o documento de junho de 1975: «Os enunciados sobre o Diabo são uma afirmação indiscutível da consciência cristã; se a existência de Satanás e dos demônios nunca foi objeto de uma declaração dogmática», é justamente porque esta parecia supérflua, sendo tal crença óbvia «para a fé constante e universal da Igreja, baseada em sua fonte maior: o ensinamento de Cristo, como também naquela expressão concreta da fé vivida que é a liturgia, que sempre insistiu na existência dos demônios e nas ameaças que eles constituem».

Um ano antes de sua morte, Paulo VI quis retornar ainda ao assunto em outra audiência geral: «Não se deve admirar se a nossa sociedade se degrada e se a Escritura acerbamente nos admoesta que "todo o mundo (no pior sentido do termo) jaz sob o poder do Maligno", a quem a própria Escritura chama "o Príncipe deste mundo"".

Após cada intervenção do Papa, sempre aconteceram gritos, protestos: e curiosamente, sobretudo naqueles jornais e por parte daqueles comentaristas a quem pouco deveria importar a reafirmação de um aspecto de uma fé que dizem recusar na sua totalidade. Na sua perspectiva a ironia é justificada. Mas por que a ira?

Um discurso sempre atual

E assim foi também pontualmente, ainda desta vez, após nossa publicação antecipada das afirmações do Cardeal Ratzinger sobre o assunto. Dizia aquele resumo das suas palavras, inseridas na conversa sobre uma certa diminuição da tensão missionária, consequente ao fato de que alguns autores têm aquilo que ele chama «uma ênfase excessiva sobre os valores das religiões não-cristas» (o Prefeito referia-se, naquele momento, especialmente à África):

«Não parece o caso de exaltar a condição pré-cristã, aquele tempo dos ídolos, que era também o tempo do medo, num mundo onde Deus parecia longínquo e a terra se encontrava abandonada aos demônios. Como já aconteceu na bacia do Mediterrâneo no tempo dos apóstolos, assim também na África o anúncio de Cristo que pode vencer as forças do mal foi uma experiência de libertação do terror. O paganismo inocente, sereno é um dos tantos mitos da idade contemporânea».

Ratzinger continua depois: «Apesar do que dizem certos teólogos superficiais, o Diabo é, para a fé cristã, uma presença misteriosa, mas real, pessoal, não-simbólica. É uma realidade poderosa (o "Príncipe deste mundo", como o chama o Novo Testamento, que mais de uma vez recorda a sua existência), uma liberdade maléfica e sobre-humana, oposta à de Deus: como mostra uma leitura realista da história, com o seu abismo de atrocidades sempre renovadas e não explicáveis apenas pelo homem. O qual sozinho não tem força de se opor a Satanás, que não é um outro deus; unidos a Jesus, temos a certeza de vencê-lo. Cristo é o "Deus próximo" que tem força e vontade de nos libertar: por isso o Evangelho é realmente "boa notícia". E por isso devemos continuar a anunciá-lo àqueles regimes de terror que são, muitas vezes, as religiões não-cristãs. Direi mais: a cultura ateia do Ocidente moderno sobrevive graças à libertação do medo dos demônios trazida pelo cristianismo. Mas, se esta luz redentora do Cristo se extinguisse, embora com toda a sua sabedoria e com toda a sua tecnologia, o mundo recairia no terror e no desespero. Já existem sinais desse retorno de forças obscuras, enquanto crescem no mundo secularizado os cultos satânicos».

É nosso dever de informadores assinalar que semelhantes declarações são, como é óbvio, plenamente fiéis à doutrina tradicional da Igreja, a mesma que foi reapresentada pelo Vaticano II, que de "Satanás", "Demônio", "Maligno", "antiga Serpente", "Poderes das trevas", "Príncipe deste mundo" fala em dezessete passagens e, por umas cinco vezes o faz na *Gaudium et Spes*, o texto mais "otimista" de todo o Concílio. Neste último documento, os Padres não hesitam em escrever, entre outras coisas: «Toda a história humana é atravessada por uma luta tremenda contra as Potências das trevas; luta iniciada desde a origem do mundo e que durará, como diz o Senhor, até o último dia» (*Gaudium et Spes*, n. 37).

Quanto às religiões não-cristãs, e ao Cristo libertador também do medo, é bem verdade que o Vaticano II inaugura afortunadamente uma nova fase de diálogo autêntico com as religiões não-cristãs («A Igreja Católica nada rejeita do que é verdadeiro e santo nestas religiões. Ela considera com sincero respeito aqueles modos de agir e de viver, aqueles preceitos e doutrinas que, embora em muitos pontos se diferenciem do que ela mesma crê e propõe, refletem entretanto, não raramente, um raio daquela verdade que ilumina a todos os homens», *Nostra Aetate*, n. 2). Mas o mesmo Concílio, no Decreto sobre a atividade missionária, por três vezes no texto e uma vez em nota, reafirma a doutrina tradicional, que é diretamente bíblica, como o Concílio mesmo recorda, com abundância de citações escriturísticas: «Deus (...) enviou seu Filho a nós com um corpo semelhante ao nosso para, por meio dele, livrar os homens do Poder das trevas e de Satanás (Col 1, 13; At 10, 38)» (*Ad gentes*, n. 3). «Cristo destrói o reino do Demônio e afasta a multiforme malícia do pecado» (*Ad gentes*, n. 9). «Somos libertos do Poder das trevas graças aos sacramentos da iniciação cristã»; e aqui, «em torno dessa libertação da escravidão do demônio e das trevas», como diz o texto, uma nota oficial remete a cinco trechos do Novo Testamento e à liturgia do Batismo Romano (n. 14).

Constatamos isso por dever de informação objetiva, bem conscientes, porém, do fato de que é sempre arriscado (e, às vezes, fonte de desvio) estar recolhendo citações isoladas do contexto.

Enfim, no que diz respeito à referência de Ratzinger à atualidade («crescem no mundo secularizado os cultos satânicos»), quem é informado sabe muito bem que já é inquietante o que se vê na atualidade e se lê nos jornais, mas isso é apenas a ponta de um *iceberg* que tem suas bases precisamente nas regiões do mundo tecnologicamente mais avançadas, a começar pela Califórnia e pela Europa do Norte.

Todas as explicações e constatações que fizemos são necessárias mas, ao mesmo tempo, inúteis, ignoradas como são *a priori* pelos comentaristas, para quem qualquer alusão a esta realidade inquietante é "medieval". Onde Idade Média, naturalmente, é entendida no sentido popular, que dessa "idade do meio" tem ainda uma visão imposta pelos panfletistas anticristãos e romancistas populares europeus dos séculos XVIII e XIX.

Um "adeus" suspeito

Joseph Ratzinger, fortalecido também pelos seus vastíssimos estudos teológicos, não é homem que se deixe impressionar pelas reações nem de jornalistas e nem tampouco de alguns "especialistas". Lê-se em um documento, por ele assinado, a seguinte exortação tirada da Escritura: «É necessário resistir ao erro, fortes na fé, mesmo quando ele se manifesta com aparência de piedade, para poder abraçar os que erram, na caridade do Senhor, professando a verdade na caridade».

Não põe, certamente, no centro de sua reflexão o tema do Diabo (bem consciente de que o que é decisivo é a vitória que sobre ele obteve o Cristo), mas um semelhante discurso parece-lhe exemplar, porque lhe permite denunciar métodos de trabalho teológico que julga inaceitáveis. Também por esse caráter de "exemplaridade" não parece excessivo o espaço dedicado ao assunto. Aqui, além de outras coisas, como veremos, está em jogo também a escatologia, portanto, a fundamental e irrenunciável fé cristã na existência de um além.

É certamente por isso que um dos seus livros mais conhecidos — *Dogma e Pregação* [ed. bras.: *Dogma e Anúncio*] — insere o tratado da doutrina tradicional sobre o Demônio nos «temas basilares da pregação». E é ainda por isso, cremos, que — já Prefeito para a Congregação para a Fé — redigiu o prefácio de um livro de seu colega no cardinalato, Léon-Joseph Suenens, que tinha por objetivo apresentar a visão católica de Satanás como «realidade não-simbólica, mas pessoal».

Falou-me do célebre livreto com que um seu colega, professor de exegese na universidade de Tübingen [Hubert Haag, n.d.e.], quis, já a partir do título, dar *«adeus ao Diabo»*. (Entre outras coisas — é uma pequena anedota que, ao me contar, fê-lo rir à vontade — aquele volume lhe foi presenteado pelo autor por ocasião de uma festinha entre professores para saudá-lo depois que o Papa o nomeara arcebispo de Munique. Dizia a dedicatória escrita no livro: "Ao caro colega professor Joseph Ratzinger, a quem dizer adeus custa-me mais do que dizer adeus ao diabo...»).

A amizade pessoal com o colega não o impediu então, nem o impede agora, de seguir a sua linha de ação: «Nós devemos respeitar as experiências, os sofrimentos, as opções humanas e, também, as exigências concretas que se encontram por trás de certas teologias. Mas devemos contestar com extrema resolução que se trate ainda de teologias católicas».

Para ele, aquele livro escrito para se despedir do Diabo (e que toma como exemplo de uma série inteira que, desde alguns anos, aparece nas livrarias) não é «católico», porque «é superficial a afirmação para a qual converge toda a argumentação: "No Novo Testamento, o conceito de *diabo* encontra-se simplesmente em lugar do conceito de *pecado*, de quem o diabo não é senão uma imagem, um símbolo"». Recorda, Ratzinger, que «quando Paulo VI sublinhou a real existência de Satanás e condenou as tentativas de dissolvê-la em um conceito abstrato, foi aquele mesmo teólogo que, dando voz à opinião de tantos colegas seus — recriminou o Papa por estar recaindo em uma visão arcaica do mundo, por fazer confusão entre o que, na Escritura, é estrutura de fé (o pecado) e o que não é senão expressão histórica, transitória (Satanás)».

Observa, no entanto, o Prefeito (retomando aliás o que já escrevera como teólogo) que, «caso se leia com atenção esses livros que desejam se desfazer da embaraçosa presença diabólica, ao final se fica convencido do contrário: os evangelistas falam muito dela e não têm de modo algum a intenção de fazê-lo em sentido simbólico. Como o próprio Jesus, estavam convencidos — e assim queriam ensinar — de que se trata de uma potência concreta, certamente não de uma abstração. O homem é por ela ameaçado e é dela libertado por obra de Cristo, porque só Ele, na sua qualidade de "mais forte", pode atar o homem "forte", para usar as próprias palavras evangélicas».

«Biblistas ou sociólogos?»

Mas, então, se o ensino da Escritura parece tão claro, como justificar a substituição (hoje tão difundida entre os especialistas) do "Satanás" concreto com o abstrato "pecado"?

É exatamente aqui que ele identifica um método utilizado por várias exegeses e por muita teologia contemporânea e que deseja rejeitar: «Neste caso específico, admite-se — e nesse caso não se pode agir diversamente — que Jesus, os apóstolos e os evangelistas estavam convencidos da existência de forças demoníacas. Mas, ao mesmo tempo, dá-se por evidente que, nessa crença deles, eram "vítimas das formas do pensamento judaico de então". Entretanto, como se dá também por evidente que "essas formas de pensamento não são mais conciliáveis com a nossa imagem do mundo", eis que, por uma espécie de jogo de prestidigitação, o que se considera incompreensível para o homem médio de hoje acaba sendo cancelado».

Portanto, continua ele, «isto significa que, para dizer "adeus ao Diabo", não se procura o apoio da Escritura, a qual, além do mais, afirma justamente o contrário, mas se faz referência a nós mesmos, à nossa visão do mundo. Para se despedir deste e de qualquer outro aspecto da fé, incômodo ao conformismo contemporâneo, não se comportam, portanto, como exegetas, como intérpretes da Escritura, mas como homens do nosso tempo».

Desse método surge, para ele, uma consequência grave: «No final, a autoridade sobre a qual semelhantes especialistas baseiam o seu julgamento não é a própria Bíblia, mas a visão do mundo contemporânea do biblista. O qual fala, pois, como filósofo ou como sociólogo, e a sua filosofia não consiste senão em uma banal, acrítica adesão às sempre provisórias persuasões da época».

Portanto, se compreendi bem, seria o inverso do tradicional método de trabalho teológico: não é mais a Escritura que julga o "mundo", mas o "mundo" é que julga a Escritura.

«Com efeito — diz ele —. É a procura contínua de um anúncio que apresente aquilo que já é sabido ou que, de qualquer modo, seja agradável para quem ouve. De qualquer forma, no que diz respeito ao Diabo, também a fé de hoje professa, como sempre fez, a sua realidade misteriosa e, ao mesmo tempo, objetiva e pessoal. Mas o cristão sabe que quem teme a Deus não deve temer nada nem ninguém: o temor de Deus é fé, algo bem diferente de um temor servil, de um medo de demônios. No entanto, o temor de Deus é também algo de muito diferente de uma coragem fanfarrona, que não quer ver a seriedade da realidade. É próprio da verdadeira coragem não esconder as dimensões do perigo, mas considerá-las com realismo».

Segundo o Cardeal, a pastoral da Igreja deve «encontrar a linguagem adequada para um conteúdo sempre válido: a vida é uma questão extremamente séria, devemos estar atentos para não recusar a proposta de vida eterna, de eterna amizade com o Cristo, que é feita a cada um. Não nos devemos acomodar à mentalidade de tantos crentes de hoje, que pensam ser suficiente comportarem-se mais ou menos como se comporta a maioria, e necessariamente tudo ficará bem».

Continua: «A catequese deve voltar a ser, não uma opinião ao lado de uma outra, mas uma certeza que se fundamenta na fé da Igreja, com o seu conteúdo que ultrapassa de longe a opinião corrente. Ao invés, em não pouca catequese moderna apenas se alude à noção de vida eterna, a questão da morte é tão somente tocada de leve e, na maior parte das vezes, o é apenas para se interrogar sobre como retardar a sua chegada ou para tornar-lhe menos penosas as condições. Desaparecido em tantos cristãos o sentido escatológico, a morte foi envolvida pelo silêncio, pelo medo ou pela tentativa de banalizá-la. Por séculos a Igreja nos ensinou a rezar para que a morte não nos surpreenda repentinamente, dando-nos tempo para nos preparar; agora é exatamente a morte repentina que é considerada uma graça. Mas não aceitar e não respeitar a morte significa não aceitar e não respeitar nem mesmo a vida».

Do purgatório ao limbo

Parece, digo eu, que a escatologia cristã, (quando ainda se fala dela) é reduzida somente ao "paraíso", ainda que o próprio nome crie problemas e seja escrito entre aspas; não faltam nem mesmo as opiniões que o dissolvem em algum mito oriental. Seríamos todos contentes — é bem claro — se em nosso futuro não existisse outra possibilidade do que a felicidade eterna. E, com efeito, quem relê os evangelhos encontra neles, antes de tudo, a boa-nova por excelência, o anúncio consolador do amor de Deus, sem fim e sem medida. Mas, além disso, encontramos também nos evangelhos a clara indicação de que é possível um fracasso, que uma recusa nossa do amor não é impossível. Exatamente porque "verdadeiros", os evangelhos não são textos ao mesmo tempo consoladores e comprometedores, propostas dirigidas a homens livres e, portanto, abertos a destinos diversos? O purgatório, por exemplo, que fim teve?

Vejo-o balançar a cabeça: «O fato é que hoje todos

nos julgamos de tal forma bons que só podemos merecer o paraíso! Há nisso a responsabilidade de uma cultura que, à força de atenuantes e álibis, tende a tirar dos homens o senso da sua culpa, do seu pecado. Alguém observou que as ideologias dominantes são todas unidas por um dogma fundamental comum: a obstinada negação do pecado, isto é, exatamente daquela realidade que a fé liga ao inferno, ao purgatório. Mas no silêncio em torno do purgatório percebe-se também alguma outra responsabilidade».

Qual?

«O *escriturismo** de origem protestante que penetrou também na teologia católica. Por isso se afirma não serem suficientes e suficientemente claros os textos da Escritura sobre aquele estado que a Tradição chamou de "purgatório" (talvez o termo seja tardio, mas a existência do purgatório cedo foi objeto de fé por parte dos cristãos). Ora, tal *escriturismo*, como já tive ocasião de dizer, pouco tem a ver com o conceito católico de Escritura, que deve ser lida na Igreja e com a sua fé. E eu digo que, se o purgatório não existisse, seria preciso inventá-lo».

E por qual motivo?

«Porque poucas coisas são tão espontâneas, humanas e universalmente difundidas — em qualquer tempo, em todas as culturas — do que a oração pelos próprios defuntos queridos».

Calvino, o reformador de Genebra, mandou açoitar uma mulher surpreendida a rezar junto ao túmulo do filho, culpada, portanto, para ele, de "superstição".

«A Reforma, em teoria, não admite purgatório e, por conseguinte, não admite também a oração pelos defun-

---
*   Biblicismo.

tos. Na realidade, pelo menos os luteranos alemães retomaram-na na prática, e ainda encontram argumentações teológicas dignas de atenção para dar-lhe um fundamento. Orar pelos próprios entes queridos é um movimento espontâneo demais para ser sufocado; e é um testemunho belíssimo de solidariedade, de amor, de auxílio, que ultrapassa as barreiras da morte. Da minha recordação ou do meu esquecimento depende um pouco a felicidade ou a infelicidade de quem me foi caro e passou agora para a outra margem, mas não deixa de ter necessidade do meu amor».

No entanto, o conceito de "indulgência", que se pode obter para si mesmo em vida ou para alguém já falecido, parece desaparecido da prática e, talvez, também da catequese oficial.

«Eu não diria desaparecido, diria antes enfraquecido, porque não tem evidência no pensamento atual. A catequese, porém, não tem o direito de omitir este conceito. Não se deveria ter vergonha de reconhecer que — em certos contextos culturais — a pastoral tem dificuldade para tornar compreensível uma verdade da fé. Talvez seja este o caso da "indulgência". Mas os problemas de retradução em linguagem contemporânea não significam, é claro, que tal verdade não seja mais verdade. E valha isso para muitos outros aspectos da fé».

Sempre a propósito da escatologia, desapareceu também o "limbo", aquele lugar intermediário para o qual iriam as crianças mortas sem o batismo e, portanto, apenas com a "mancha" do pecado original. Não existe mais traço algum dele, por exemplo, nos catecismos oficiais do episcopado italiano.

«O limbo nunca foi uma verdade de fé definida. Pessoalmente — falando mais do que nunca como teólogo, e não como Prefeito da Congregação — eu abandonaria esta que sempre foi apenas hipótese teológica. Trata-se de uma tese secundária, a serviço de uma verdade que é absolutamente primária para a fé: a importância do batismo. Para dizê-lo com as próprias palavras de Jesus a Nicodemos: "Em verdade, em verdade eu te digo, se alguém não nasce da água e do Espírito, não pode entrar no reino de Deus" (Jo 3, 5). Pode-se abandonar, pois, o conceito de "limbo", se for necessário (de resto, os próprios teólogos que o defendiam afirmavam, ao mesmo tempo, que os genitores poderiam evitá-lo para o filho pelo desejo do batismo dele e pela oração), mas não se abandone a preocupação que o sustentava. O batismo jamais foi e não será jamais uma coisa acessória para a fé».

Um serviço ao mundo

Neste ponto, do batismo, retornamos ao pecado, e do pecado ao incômodo tema de onde tínhamos partido.

Ele diz, para completar o seu pensamento: «Quanto mais se compreende a santidade de Deus, tanto mais se entende a oposição ao que é santo: isto é, às enganadoras máscaras do Demônio. Exemplo máximo disso é o próprio Jesus Cristo: junto a Ele, o Santo por excelência, Satanás não podia esconder-se e a sua realidade era continuamente obrigada a se revelar. Por isso poder-se-ia talvez dizer que o desaparecimento da percepção do demoníaco indica uma paralela diminuição da santidade. O Diabo pode refugiar-se no seu elemento preferido, o anonimato, quando não resplandece, para revelá-lo, a luz de quem está unido a Cristo».

Receio, Cardeal Ratzinger, que, com semelhantes discursos, irão agredi-lo mais ainda e ainda mais violentamente com a acusação de "obscurantismo".

«Não sei o que fazer. Posso apenas lembrar que um teólogo tão "livre de preconceitos", tão "moderno", como Harvey Cox escreveu — e estava ainda em sua fase secularizante, demitizante — que "os *mass media* (espelho da nossa sociedade), ao apresentar certos modelos de comportamento, propondo certos ideais humanos, apela aos demônios não-exorcizados que estão em nós e ao nosso redor". Tanto que, para o próprio Cox, por parte dos cristãos seria "necessário voltar às claras palavras de exorcismo"».

Portanto, arrisco eu, a redescoberta do exorcismo como uma espécie de "serviço social"?

Diz: «Quem vê com lucidez os precipícios de nossa época, enxerga agindo neles potências que se esforçam por desagregar as relações entre os homens. O cristão pode, então, descobrir que sua função de exorcista deve readquirir aquela atualidade que teve nos inícios da fé. A palavra "exorcismo" não deve, evidentemente, ser compreendida aqui em sentido técnico, mas indicar a atitude geral da fé que "vence o mundo" e expulsa o seu "Príncipe". O cristão sabe — se consegue perceber realmente o abismo — que deve prestar esse serviço ao mundo. Não nos deixemos contagiar por aquela mentalidade corrente, segundo a qual "com um pouco de boa vontade podemos resolver todos os problemas". Na realidade, mesmo se não tivéssemos a fé, mas se fôssemos verdadeiramente realistas, perceberemos que, sem a ajuda de uma força superior — que para o cristão é somente o seu Senhor —

somos prisioneiros de uma história insanável".

Tudo isso não corre o risco de ser tachado de "pessimismo"?

«Certamente que não — responde ele —, porque, se permanecemos unidos a Cristo, estamos seguros de obter a vitória. Paulo também no-lo repete: "Buscai força no Senhor e no vigor de seu poder. Revesti-vos da armadura de Deus para poder resistir às insídias do Diabo"... (Ef 6, 10s). Se olharmos mais atentamente para a cultura laica moderna, percebemos como o otimismo fácil e ingênuo está se transformando em seu contrário: o pessimismo radical, o nihilismo desesperado. Pode acontecer, pois, que aqueles cristãos acusados até agora de serem "pessimistas" devam ajudar os irmãos a superar o desespero, propondo-lhes o seu otimismo radical — não enganador este — cujo nome é Jesus Cristo».

Anjos que não devem ser esquecidos

«Do Diabo — disse alguém — acaba-se sempre ou falando muito ou muito pouco». Denunciado o *"muito pouco"* de hoje, o Cardeal insiste em tornar ao risco oposto do *"demais":* «O mistério da iniquidade deve ser inserido na perspectiva cristã fundamental, a da Ressurreição de Jesus Cristo e da vitória sobre as Potências do Mal. Em tal ótica, a liberdade do cristão e a sua tranquila segurança que afasta o temor (1Jo 4, 18) assumem toda a sua dimensão: a verdade exclui o temor e, por isso mesmo, permite reconhecer a potência do Maligno. Se a ambiguidade é a característica do fenômeno demoníaco, a existência do cristão no combate contra o Demônio consiste em viver, dia após dia, na claridade da luz da fé».

Foi observado, além disso, que, para não desequilibrar a verdade católica, deve ser recordada aos crentes a outra face da verdade que a Igreja, de acordo com a Escritura, sempre professou: isto é, a existência dos anjos bons de Deus, aqueles espíritos que vivem em comunhão com os homens, tendo como função ajudá-los na luta cotidiana.

Naturalmente, estamos também aqui no reino do "escandaloso" para uma mentalidade moderna que julga tudo saber. Mas na fé *tout se tient***, não se pode isolar ou retirar tijolos do complexo edifício: aos anjos misteriosamente "decaídos" e aos quais foi concedido um obscuro papel de tentadores junta-se «a visão luminosa de um povo espiritual unido aos homens na caridade. Um mundo que tem amplo espaço na liturgia do Ocidente e do Oriente cristãos e do qual faz parte a confiança naquela ulterior prova de solicitude de Deus pelos homens que é o "anjo da guarda", dado a cada um e ao qual se dirige uma das orações mais amadas e difundidas da cristandade. É uma presença benéfica que a consciência do povo de Deus sempre cultivou como um sinal concreto e ulterior da Providência, do interesse do Pai pelos seus filhos».

Mas o Cardeal sublinha que «a Realidade oposta à categoria de demoníaco é a Terceira Pessoa da Trindade, é o Espírito Santo». Explica: «Satanás é, por excelência, o desagregador, o dissociador de toda relação: a do homem consigo mesmo e a dos homens entre si. É, portanto, o contrário exato do Espírito Santo. "Intermediário" absoluto, que assegura a Relação na qual todas as outras se fundamentam e da qual derivam: a Relação trinitária,

---

** Do francês: tudo está interligado. Tudo se encaixa.

por meio da qual o Pai e o Filho constituem uma só coisa, o único Deus na unidade do Espírito».

O retorno do Espírito

Hoje, observo eu, processa-se uma redescoberta do Espírito Santo, talvez esquecido demais pela teologia ocidental. É uma redescoberta não apenas teórica, mas que envolve crescentes massas populares nos movimentos chamados de «Renovação carismática» ou «no Espírito».

«De fato — confirma ele —. O período pós-conciliar pareceu corresponder bem pouco às esperanças de João XXIII, que esperava um "novo Pentecostes". Sua oração, todavia, não ficou sem resposta: no coração de um mundo feito árido pelo ceticismo racionalista, nasceu uma nova experiência do Espírito Santo que assumiu a amplidão de uma moção de renovação em escala mundial. Tudo o que o Novo Testamento escreve a propósito dos carismas que apareceram como sinais visíveis da vinda do Espírito não é mais história antiga apenas, encerrada para sempre: essa história torna-se hoje vibrante de atualidade».

Não é por acaso — sublinha ele, em confirmação de sua visão do Espírito como antítese do demoníaco — que "enquanto uma teologia reducionista trata o Demônio e o mundo dos espíritos maus como uma simples etiqueta, no contexto da Renovação surgiu uma nova, concreta tomada de consciência das Potências do mal, bem entendida ao lado da serena certeza da Potência de Cristo, que a todas submete».

O dever institucional do Cardeal é, porém — nisto,

como em outras coisas — examinar as outras possíveis faces da medalha. No que diz respeito ao movimento carismático, ele adverte: «É preciso, antes de tudo, salvaguardar o equilíbrio, evitar uma ênfase exclusiva sobre o Espírito, que, como lembra o próprio Jesus, "não fala por si mesmo", mas vive e age no interior da vida trinitária». Semelhante ênfase, diz ele, «poderia levar a opor, a uma Igreja organizada sobre a hierarquia (fundada, por sua vez, sobre Cristo) uma Igreja "carismática", baseada apenas na "liberdade do Espírito", uma Igreja que considere a si mesma como "acontecimento" sempre renovado».

«Salvaguardar o equilíbrio — continua — significa também manter o justo relacionamento entre instituição e carisma, entre fé comum da Igreja e experiência pessoal. Uma fé dogmática sem experiência pessoal permanece vazia; uma pura experiência sem ligação com a fé da Igreja é cega. No fim, não é o "nós" do grupo que conta, e sim o grande "nós" da grande Igreja universal. Só esta pode fornecer o contexto adequado para "não extinguir o Espírito e manter o que é bom", segundo a exortação do Apóstolo».

Além disso, para exaurir o panorama dos "riscos", «é preciso precaver-se de um ecumenismo fácil demais, pelo qual grupos carismáticos católicos podem perder de vista a sua identidade e unir-se de modo acrítico a formas de pentecostalismo de origem não-católica, em nome exatamente do "Espírito", visto como oposto à instituição». Os grupos católicos da Renovação no Espírito devem, pois, «mais do que nunca *sentire cum Ecclesia*, agir sempre em comunhão com o bispo, também para evitar os danos que surgem toda vez que a Escritura é desenraizada do seu contesto comunitário: o fundamentalismo, o esoterismo, o sectarismo».

Após ter advertido para os riscos, o Prefeito vê, no entanto, favoravelmente o irromper na ribalta da Igreja do movimento de Renovação no Espírito? «Certamente — confirma ele — trata-se de uma esperança de um positivo sinal dos tempos, de um dom de Deus para a nossa época. E a redescoberta da alegria e da riqueza da oração contra teorias e práticas sempre mais enrijecidas e ressecadas no racionalismo secularizado. Eu mesmo constatei pessoalmente a sua eficácia: em Munique, algumas boas vocações ao sacerdócio vieram do movimento. Como em todas as realidades confiadas ao homem, dizia eu, também esta é exposta a equívocos, a mal-entendidos, a exageros. O perigo, porém, seria ver apenas os riscos, e não o dom que nos é oferecido pelo Espírito. A necessária cautela não muda, portanto, o juízo positivo do conjunto».

Capítulo XI

IRMÃOS, PORÉM SEPARADOS

Um cristianismo mais "moderno"?

Falemos agora do ecumenismo, do relacionamento entre várias confissões cristãs. Cidadão de um país multiconfessional como a Alemanha, Joseph Ratzinger escreveu, em anos passados, coisas notáveis a esse respeito. Hoje, em sua nova posição, o problema ecumênico certamente não lhe é menos presente.

Diz ele: «O esforço ecumênico, neste período da história da Igreja, é parte integrante do desenvolvimento da fé». Também aqui porém — e tanto mais quanto mais importantes forem os temas — há nele uma necessidade de clareza. Observa uma vez: «Quando se percorre a estrada errada, quanto mais se corre mais se afasta da meta a alcançar». Naquilo que pode, portanto, vigia, exercita a sua "função crítica", convencido de que, como em qualquer outra coisa, «também no campo ecumênico equívocos, impaciências e precipitações afastam a meta mais do que a aproximam». Está convencido de que «as definições claras da própria fé servem a todos, inclusive ao interlocutor». E de que «o diálogo pode aprofundar e purificar a fé católica, mas não mudá-la em sua verdadeira essência».

Começo com uma "provocação": «Eminência, há quem diga que se está desenvolvendo um processo de "protestantização" do catolicismo».

A resposta, como de costume, aceita plenamente o chiste. «Depende, antes de tudo, de como se define o conteúdo da palavra "protestantismo". Quem fala hoje de "protestantização" da Igreja católica entende geralmente, com esta expressão, uma mudança na concepção de fundo da Igreja, uma outra visão da relação entre

Igreja e Evangelho. O perigo de uma tal transformação existe realmente, não é apenas um espantalho agitado em algum ambiente integrista».

Mas por que exatamente o protestantismo — cuja crise não é certamente menor do que a católica — deveria atrair hoje teólogos e fiéis que, até ao concílio, permaneciam fiéis à Igreja de Roma?

«Não é, certamente, uma coisa fácil de esclarecer. Impõe-se, entretanto, a seguinte consideração: o protestantismo nasceu no início da época moderna e é, portanto, muito mais aparentado com as ideias-força que deram origem ao mundo moderno do que o catolicismo. Encontrou a sua configuração atual, em grande parte, justamente no encontro com as grandes correntes filosóficas do século XIX. É a sua *chance* e, ao mesmo tempo, a sua fragilidade o ser muito aberto ao pensamento moderno. Assim, pode surgir a opinião (exatamente entre teólogos católicos que não sabem mais o que fazer da teologia tradicional) de que no "protestantismo" possam ser encontrados, já traçados, os caminhos certos para o entendimento entre a fé e o mundo moderno».

Que princípios possuem maior atração?

«Um papel de primeiro plano cabe, ontem como hoje, ao princípio da *Sola Scriptura*. O cristão médio de hoje conclui, desse princípio, que a fé nasce da opinião individual, do trabalho intelectual e da intervenção do especialista; e semelhante visão parece-lhe mais "moderna" e "evidente" do que as posições católicas. De semelhante concepção deriva logicamente que o conceito católico de Igreja não é mais realizável e que se deve buscar um novo modelo em algum lugar, no vasto âmbito do fenômeno "protestantismo"».

Portanto, volta à baila, como quase sempre, a eclesiologia.

«Sim. Porque para o simples homem moderno é mais compreensível um conceito de igreja que, em linguagem técnica, chamar-se-ia "congregacionalista" ou "igreja livre" (*Freechurch*). Sua consequência é que a igreja é uma forma que pode variar conforme os homens organizem a realidade da fé, de modo a corresponder o mais possível ao que a situação do momento parece exigir. Já falamos sobre isso, mas vale a pena retomar o assunto: é quase impossível para a consciência de muitos, hoje, compreender que por trás de uma realidade humana está a misteriosa realidade divina. Tal é, como sabemos, o conceito católico de Igreja e é muito mais árduo de ser aceito do que o que agora esboçamos; que, de resto, não é nem mesmo o conceito simplesmente "protestante", mas veio sendo formado no quadro do fenômeno "protestantismo"».

Ao final de 1983 — ano em que ocorria o quinto centenário do nascimento de Martinho Lutero —, em vista do entusiasmo de alguns celebradores católicos, as más línguas insinuaram que o Reformador, hoje, poderia ensinar as mesmas coisas de então, mas ocupando imperturbável uma cátedra de qualquer universidade ou seminário católicos. O que diz a esse respeito o Prefeito? Crê que a Congregação que ele dirige convidaria ainda o frade agostiniano para algum "colóquio informativo"?

Ele sorri: «Sim, creio que se deveria falar com ele muito seriamente e que aquilo que ele afirmou naquela época também agora não poderia ser considerado como "teologia católica". Se fosse de outra forma, não seria necessário o diálogo ecumênico, que procura exatamente um diálogo crítico com Lutero, vendo como se pode salvar o que há de grande em sua teologia e superar, nela, o que não é católico».

Seria interessante saber com quais argumentos a Congregação para a Doutrina da Fé se mobilizaria hoje para intervir contra Lutero.

A resposta não hesita: «Correndo o risco de ser entediante, penso que nos apoiaríamos, uma vez mais, no problema eclesiológico. No debate de Leipzig o opositor católico de Martinho Lutero demonstrou-lhe de modo irrefutável que a sua nova doutrina não se opunha apenas aos papas, mas também à Tradição tal como claramente expressa pelos Padres e pelos Concílios. Lutero viu-se obrigado a reconhecê-lo e declarou então que também os Concílios Ecumênicos tinham se enganado. Desse modo, a autoridade dos exegetas foi colocada acima da autoridade da Igreja e da sua Tradição».

Portanto, naquele momento realizou-se o "rasgão" decisivo?

«Com efeito, creio que aquele foi o momento decisivo, porque deste modo se abandonava a ideia católica de uma Igreja intérprete autêntica do verdadeiro sentido da Revelação. Lutero não podia mais partilhar daquela certeza que, na Igreja, reconhece uma consciência comum superior à inteligência e às interpretações privadas. Assim, a relação entre a Igreja e o indivíduo, entre a Igreja e a Bíblia, mudavam radicalmente. Sobre esse ponto, portanto, a Congregação deveria falar com Lutero, se ele vivesse ainda; ou, para dizer melhor: sobre esse ponto nós falamos com ele através dos diálogos ecumênicos. De resto, esse problema encontra-se, de forma considerável, também na base de nossos colóquios com teólogos católicos: a teologia católica deve interpretar a fé da Igreja, mas, onde ela passa diretamente da exegese bíblica a uma reconstrução autônoma do teólogo, faz-se algo bem diferente».

Há quem esteja repensando

Cardeal Ratzinger: continuemos na "provocação", continuemos, pois, a examinar as insinuações das más línguas. Por exemplo, há quem diga que, nestes anos, o ecumenismo teve frequentemente um sentido único. Desculpas e pedidos de perdão — aliás, entendamo-lo, justificadíssimos — da parte católica; mas, do lado protestante, reafirmação das próprias razões e escassa propensão (pelo menos na aparência) a reexaminar criticamente origens e acontecimentos da Reforma.

«Pode que seja verdade — responde ele —. A atitude de um certo ecumenismo católico pós-conciliar foi marcada por uma espécie de masoquismo, uma necessidade um tanto pervertida de reconhecer-se culpados por todos os desastres da história. Falando, no entanto, da situação alemã, que conheço por dentro, devo dizer que sou amigo de protestantes deveras espirituais. Tendo uma vida cristã verdadeiramente profunda, essas pessoas têm também profunda consciência da culpa de todos os cristãos nas divisões que os dilaceram. Existe, realmente, também na parte protestante, um novo interesse com relação a elementos fundamentais da realidade católica».

O que, sobretudo, é objeto de revisão pela parte reformada?

«Há a redescoberta da necessidade de uma Tradição,

sem a qual a Bíblia fica como que suspensa no ar, torna-se um velho livro entre tantos outros. Esta redescoberta é favorecida também pelo fato de que os protestantes estão, juntamente com os ortodoxos, no Conselho Ecumênico de Genebra, o organismo que reúne grande parte das igrejas e das comunidades cristãs. Ora, dizer "ortodoxia oriental" significa dizer "Tradição"».

«De resto — acrescenta — aquela obstinação na *Sola Scriptura* do protestantismo clássico não poderia sobreviver e hoje, mais do que nunca, é posta em crise exatamente pela exegese "científica" que, nascida e desenvolvida em ambiente reformado, mostrou como os evangelhos são um produto da Igreja primitiva; mais ainda, como a Escritura inteira não é senão Tradição. Tanto que, invertendo o seu lema tradicional, alguns estudiosos luteranos parecem concordar com a opinião das Igrejas ortodoxas do Oriente: não, portanto, *Sola Scriptura*, mas *Sola Traditio*. Há, também, além disso, por parte de alguns teólogos protestantes, a redescoberta da autoridade, de alguma forma de hierarquia (isto é, de um ministério espiritual sacramental), da realidade dos sacramentos».

Sorri, como que pensativo: «Enquanto tais coisas foram ditas pelos católicos, era difícil para os protestantes assumi-las como próprias. Ditas pelas Igrejas do Oriente, foram acolhidas e estudadas com maior atenção, talvez porque se desconfiava menos daqueles cristãos, cuja presença no Conselho de Genebra se revela, portanto, providencial».

Há, pois, um movimento também da parte dos protestantes; há, então, uma convergência em torno de posições que, um dia, poderiam revelar-se comuns.

Ratzinger, como bom realista, está longe de qualquer

otimismo ingênuo: «Sim, há um movimento, portanto um reconhecimento de infidelidade a Cristo por parte de todos os cristãos, e não apenas da parte católica. Permanece, porém, como um limite até agora intransponível a diferente concepção de Igreja. Para um reformado será sempre difícil, se não impossível, aceitar o sacerdócio como sacramento e como condição indispensável para a eucaristia. Porque, para aceitar isso, ele teria que aceitar a estrutura da Igreja baseada na sucessão apostólica. Quando muito — pelo menos por hora — podem chegar a conceder que esse tipo de Igreja é a melhor solução, mas não que seja a única, a indispensável».

É, ainda, por causa desse conceito de Igreja mais "fácil", mais "óbvia", pelo menos segundo a mentalidade atual, que, na convivência de protestantes e católicos, seria destes últimos o risco maior de passar para as posições do outro. «O catolicismo autêntico — diz ele — é um equilíbrio delicado, é uma tentativa de fazer conviver aspectos que parecem contrastantes e que, ao invés, asseguram a completude do Credo. O catolicismo, além disso, exige a aceitação de uma mentalidade de fé frequentemente em contraste radical com a opinião hoje dominante».

Como exemplo, cita-me a renovada recusa de Roma em conceder "a intercomunhão", isto é, a possibilidade para um católico de participar da eucaristia de uma Igreja reformada. Diz ele: «Mesmo muitos católicos pensam que essa recusa é o último fruto de uma mentalidade intolerante que deveria já ter desaparecido. "Não sejais assim tão severos, tão anacrônicos!", gritam-nos tantos. Mas não se trata de uma questão de intolerância nem de atraso ecumênico para o Credo católico, se não há sucessão apostólica não há sacerdócio autêntico, portanto não pode existir eucaristia sacramental alguma, em sentido verdadeiro e próprio. Nós cremos que isso foi querido pelo próprio Fundador do cristianismo».

Uma longa estrada

Já se aludiu, de modo indireto, às Igrejas ortodoxas do Oriente europeu. Como estão as relações com elas?

«Os contatos são aparentemente mais fáceis, mas, na realidade, apresentam graves dificuldades. Essas Igrejas possuem um ensinamento autêntico, mas estático, como que bloqueado: permanecem fiéis à Tradição do primeiro milênio cristão, rejeitando todos os ulteriores desenvolvimentos, porque teriam sido decididos pelos católicos sem eles. Somente um Concílio realmente ecumênico, portanto ampliado a todos os cristãos, poderia, na opinião deles, decidir em matéria de fé. Consequentemente, não consideram válido tudo o que foi declarado pelos católicos depois da divisão: na prática, estão de acordo com muitas coisas que foram estabelecidas, mas consideram-nas restritas às Igrejas que dependem de Roma, porém não-normativas para eles».

Pelo menos aqui, a eclesiologia constitui um problema menos insuperável?

«Sim e não. Certamente, têm em comum conosco a noção da necessária sucessão apostólica; o seu episcopado e a sua eucaristia são autênticos. Mas conservam também a ideia profunda da *autocefalia*, pela qual as igrejas, embora unidas na fé, são, ao mesmo tempo, independentes umas das outras. Não conseguem aceitar que o Bispo de Roma, o Papa, possa ser o princípio, o centro da unidade, mesmo em uma Igreja universal, entendida como comunhão».

Portanto, pergunto eu, nem mesmo com o Oriente é hipotetizável, em tempos não remotos, um início de reunião?

«Não vejo, em uma perspectiva meramente humana, como seja possível uma união completa que vá além de uma praticável (e já praticada) fase inicial. Esta dificuldade, porém, encontra-se em nível teológico. No plano concreto, vital, as relações são muito difíceis: constatamo-lo onde católicos e ortodoxos estão em contato (compartilhando mesmo, às vezes, a mesma perseguição). Se as eclesiologias permanecem divididas pela teologia, na existência concreta as Igrejas experimentam um intercâmbio vital, visto que há reciprocidade sacramental e a intercomunhão (sob determinadas condições) é possível, ao contrário do que acontece com os protestantes».

Os anglicanos sempre se consideraram *the bridge-church*, a igreja-ponte entre o mundo protestante e católico; houve tempo (e não tão longínquo) em que se teve a impressão de se estar a um passo da reunião.

"É verdade. Mas agora pelo menos uma parte dos anglicanos bruscamente se afastou, com as novas normas sobre os divorciados recasados, o sacerdócio para as mulheres e outras questões de teologia moral. São decisões que reabriram um abismo não apenas entre anglicanos e católicos mas também entre anglicanos e ortodoxos, que, também nisso, geralmente compartilham do ponto de vista católico».

Após o Concílio, alguém anunciou que bastaria a Igreja Católica pôr-se na estrada das "reformas" para reencontrar a unidade com os irmãos separados. Tenho aqui, ao invés, um recente documento sobre o ecumenismo, proveniente do lado protestante, vindo das igrejas italianas valdenses e metodistas. Nele se lê: «Catolicismo e protestantismo, embora apelando para o mesmo Senhor, são dois modos diferentes de entender e de viver o cristianismo. Esses diferentes modos não são *complementares*, mas *alternativos*».

Que diz disso o Cardeal Ratzinger?

«Digo que a realidade ainda é esta, infelizmente. Não é preciso confundir as palavras com a realidade: algum progresso em plano teológico, alguns documentos comuns não significam uma aproximação realmente vital. A eucaristia é vida, e essa vida, por enquanto, não podemos partilhá-la na presença de um conceito de Igreja e de sacramento tão diverso. Há alguns perigos em um ecumenismo que não se ponha, de modo realista, diante desta dificuldade, por ora insuperável aos homens. De resto, havia também perigos — é claro — na situação pré-conciliar, marcada pelo fechamento e pela intransigência que deixavam pouco espaço para a fraternidade».

«Mas a Bíblia é católica»

Tentou-se dar um passo propondo traduções da Bíblia feitas em comum entre diversas confissões. Que pensa Ratzinger a respeito dessas edições ecumênicas?

«Estudei apenas a tradução interconfessional alemã. Foi concebida sobretudo para uso litúrgico e para a catequese. Na prática, aconteceu que quase somente os católicos a empregam, muitos luteranos não a usam, preferindo voltar à "sua" Bíblia».

Seria, talvez, um outro caso de ecumenismo "de mão única"?

«O fato é que, também aqui, não é lícito abandonar-se a ilusões excessivas. A Escritura vive em uma comunidade e necessita de uma linguagem. Toda tradução é também, em alguma medida, interpretação. Existem trechos (todos os estudiosos hoje em dia estão de acordo nisso) em que, mais do que a Bíblia, quem fala é o seu tradutor. Há partes da Escritura que exigem uma escolha precisa, uma nítida tomada de posição; não se pode misturar ou tentar ocultar as dificuldades através de subterfúgios. Alguns quereriam fazer crer que os exegetas, com seus métodos histórico-críticos, teriam encontrado a solução "científica", portanto acima das partes. Enquanto que não é assim: cada "ciência" depende inevitavelmente de uma filosofia, de uma ideologia. Não pode haver neutralidade, muito menos nisso. De resto, posso compreender muito bem por que os luteranos alemães são tão apegados à Bíblia de Lutero: ela, precisamente na sua forma linguística, é a verdadeira força unificante do luteranismo; abandoná-la significaria, de fato, atingir o núcleo de sua identidade. Essa tradução tem, pois, na sua comunidade, uma função completamente diversa da que uma tradução qualquer possa ter entre nós, católicos. Graças à interpretação que encerra, em um certo sentido, a tradução de Lutero põe limites ao princípio da *Sola Scriptura*, tornando, assim, possível uma compreensão comum da Bíblia, um "patrimônio eclesial" comum».

Acrescenta: "Devemos ter coragem de dizer claramente que, tomada em sua totalidade, a Bíblia é católica. Aceitá-la como está, na unidade de todas as suas partes, significa aceitar os grandes Padres da Igreja e a leitura deles; significa, portanto, entrar no catolicismo».

Uma afirmação semelhante, arrisco eu, corre o risco de suscitar a desconfiança de quem a considere "apologética"?

«Não — replica ele — porque ela não é minha, e sim de não poucos exegetas protestantes contemporâneos. Como, por exemplo, de um dos discípulos prediletos do luterano Rudolf Bultmann, o professor Heinrich Schlier. Ele, levando às suas consequências lógicas o princípio da *Sola Scriptura*, percebeu que o "catolicismo" já se encontra no Novo Testamento. Porque já se encontra nele o conceito de uma Igreja vivente, à qual o Senhor deixou a sua Palavra viva. Certamente não existe, na Escritura, a ideia de que ela própria seja um fóssil arqueológico, uma coleção disparatada de fontes a serem estudadas por arqueólogos ou paleontólogos! Coerentemente, Schlier ingressou, dessa forma, na Igreja Católica. Outros colegas seus não chegaram a tanto, mas a presença da dimensão católica na própria Bíblia, hoje em dia, quase não é mais posta em discussão».

E o senhor, Cardeal Ratzinger (quando rapaz, jovem seminarista ou talvez como teólogo) jamais se sentiu atraído pelo protestantismo, jamais pensou em mudar de confissão cristã?

«Oh, não — exclama —. O catolicismo da minha Baviera sabia dar lugar a tudo o que é humano: à oração, mas também à festa: à penitência, mas também à alegria. Um cristianismo alegre, colorido e humano. Pode ser também que isso me aconteça porque me falta o sentido do "purismo" e porque, desde a infância, respirei o barroco. De fato, apesar de toda a minha estima por amigos protestantes, simplesmente, no plano psicológico, jamais senti uma atração desse tipo. Nem tampouco no plano teológico: o protestantismo poderia certamente dar a impressão de uma "superioridade", poderia aparentar possuir maior "cientificidade". Mas a grande tradição dos Padres e dos mestres da Idade Média era para mim mais convincente».

Igrejas na tempestade

O senhor foi criança e, a seguir, adolescente e jovem (em 1945 tinha 18 anos) na Alemanha nazista. Como viveu, sendo católico, aquele tempo terrível?

«Vim ao mundo em uma família muito crente, praticante. Na fé de meus pais, na fé da nossa Igreja, tive a confirmação do catolicismo como a fortaleza da verdade e da justiça contra aquele reino do ateísmo e da mentira que foi o nazismo. Na derrocada do regime, pude constatar nos fatos que a intuição da Igreja tinha sido certa».

Mas Hitler provinha da Áustria católica, o partido foi fundado e prosperou na católica Munique...

«Entretanto, seria apressado apresentá-lo como um produto do catolicismo. Os gérmenes venenosos do nazismo não são fruto do catolicismo da Áustria ou da Alemanha do Sul, mas antes da atmosfera cosmopolita e decadente de Viena, ao final do império, na qual Hitler olhava com inveja para a força e a resolução da Alemanha do Norte: Frederico II e Bismark eram os seus ídolos políticos. Nas decisivas eleições de 1933, é notório que Hitler não obteve maioria alguma nos *Länder** católicos,

---

*   Em alemão, no original: províncias (N do T.)

diversamente do que ocorreu em outras regiões alemãs».

Como explica isso?

«Devo admitir, antes de tudo, que o núcleo crente da Igreja protestante teve um papel de primeiro plano na resistência contra Hitler. Gostaria de recordar, por exemplo, a declaração de Barmen em 31 de maio de 1934, com a qual a "Igreja confessante" distanciou-se dos "Cristãos alemães" filonazistas, realizando assim o ato fundamental de resistência contra a pretensão totalitária de Hitler. Por outro lado, o fenômeno dos "Cristãos alemães" ilustra o perigo típico ao qual se encontrava exposto o protestantismo, no momento da tomada do poder por parte dos nazistas. A concepção de um cristianismo nacional, isto é, germânico, antilatino, ofereceu a Hitler um ponto de abordagem, assim como a tradição de uma igreja de Estado e a fortíssima ênfase na obediência para com a autoridade, que é própria da tradição luterana. Exatamente por esses aspectos, o protestantismo alemão, sobretudo o luteranismo, foi inicialmente muito mais facilmente exposto às investidas de Hitler, um movimento como os "Cristãos alemães" não teria podido formar-se no âmbito do conceito católico de Igreja».

O que não exclui que também os protestantes se destacassem na luta contra o nazismo.

«Isso está fora de discussão. Justamente porque a situação era como a descrevi, por parte dos protestantes exigia-se uma coragem mais pessoal para assumir a resistência contra Hitler. Karl Barth exprimiu muito claramente esse estado de coisas recusando-se a prestar o juramento que lhe foi exigido na sua função. Eis por que exatamente o protestantismo pôde gabar-se de personalidades de grande importância na resistência. Compreende-se também, no entanto, por que, entre os fiéis comuns, os católicos encontravam mais facilidades para resistir na recusa das doutrinas de Hitler. Viu-se, também então, aquilo que a história sempre confirmou: como mal menor, a Igreja Católica pode chegar taticamente a pactos com sistemas estatais até opressores, mas, no final, ela se mostra uma defesa para todos contra as degenerações do totalitarismo. Por sua natureza, ela não pode confundir-se com o Estado e deve opor-se a um Estado que force também os seus fiéis a uma só visão. Foi o que constatei pessoalmente, como jovem católico, na Alemanha nazista».

Capítulo XII

UMA CERTA "LIBERTAÇÃO"

Uma "Instrução" a ser lida

Na época da conversa com o Cardeal Ratzinger em Bressanone, ainda não tinha sido publicada (seria apresentada em setembro) a *Instrução sobre alguns Aspectos de Teologia da Libertação*, que, entretanto, já estava pronta: datada de 6 de agosto de 1984. Fora, porém, publicada — com uma indiscrição jornalística — a reflexão com que Ratzinger explicava a sua posição pessoal, de teólogo, em torno do assunto. Além disso, já fora anunciada a "convocação para um colóquio" de um dos expoentes mais conhecidos dessa teologia [Frei Leonardo Boff, n.d.e].

Portanto, o tema "teologia da libertação", já tinha invadido as páginas dos jornais, e as ocuparia ainda mais, após a apresentação da Instrução. E é preciso dizer que causa estupor como muitos dos comentários — mesmo os mais ambiciosos, aqueles publicados pelos periódicos mais ilustres — tenham julgado o documento da Congregação sem tê-lo lido senão através de uma síntese qualquer, incompleta ou, até mesmo, suspeita de partidarismo. Além disso, quase todos os comentários ocuparam-se apenas das implicações *políticas* do documento, ignorando as suas motivações *religiosas*.

Também por isso, a Congregação para a Doutrina da Fé decidiu depois evitar ulteriores comentários, remetendo a um texto tão debatido quão desconhecido. Ler a *Instructio*: é o que foi pedido também a nós, para que o solicitássemos aos leitores, quaisquer que fossem depois as suas conclusões.

Pareceu-nos importante, no entanto, apresentar aqui o texto que — embora publicado pelo que chamamos

UMA CERTA "LIBERTAÇÃO"
J. RATZINGER — V. MESSORI

de uma "indiscrição jornalística" —, tornou-se agora de domínio público e que reflete o pensamento de Joseph Ratzinger (*enquanto teólogo:* portanto, não enquanto Prefeito da Congregação para a Fé) e não é fácil de ser encontrado pelo leitor não-especializado. Este texto pode servir para compreender o pensamento pessoal do Cardeal Ratzinger acerca de um tema tão espinhoso e atual. Aqui, mais do que nunca, para o Prefeito, «defender a ortodoxia significa realmente defender os pobres e evitar-lhes as ilusões e sofrimentos de quem não sabe dar uma perspectiva realista de redenção nem mesmo material».

Além disso, assinalamos o que a *Instructio* já afirma desde a sua introdução: «Esta Congregação para a Doutrina da Fé não pretende tratar aqui o vasto tema da liberdade cristã e da libertação em si mesma. Propõe fazê-lo num documento posterior, no qual porá em evidência, *de maneira positiva*, todas as riquezas, seja sob o aspecto doutrinal seja prático». Portanto, trata-se somente da primeira parte de um assunto que deve ser completado.

Além do mais, a "advertência" contida nessa primeira parte, a "negativa", "não deve, de modo algum, ser interpretada como uma desaprovação de todos aqueles que querem responder generosamente e com autêntico espírito evangélico à "opção preferencial pelos pobres". A presente Instrução não deve, de maneira alguma, servir de pretexto para aqueles que se refugiam numa atitude de neutralidade e de indiferença diante dos trágicos e urgentes problemas da miséria e da injustiça. Pelo contrário, é ditada pela certeza de que os graves desvios ideológicos que ela aponta levam inevitavelmente a trair a causa dos pobres. Mais do que nunca, convém que grande número de cristãos, com uma fé esclarecida e decididos a viver a vida cristã na sua totalidade, se empenhem, por amor a seus irmãos deserdados, oprimidos ou perseguidos, na luta pela justiça, pela liberdade e pela dignidade humana. Hoje, mais do que nunca, a Igreja propõe-se a condenar os abusos, as injustiças e os atentados à liberdade, onde quer que eles aconteçam e quaisquer que sejam seus autores, e lutar, com seus próprios meios, pela defesa e promoção dos direitos do homem, especialmente na pessoa dos pobres».

A necessidade de redenção

Antes de passar a reproduzir o documento "privado" do teólogo Ratzinger, queremos informar — sempre com o propósito de situar sua posição em um contexto geral — sobre o que veio à tona, em nossa conversa, a propósito do termo "libertação". É um cenário de dimensão mundial.

«Libertação» — diz, com efeito, o Cardeal — parece ser o programa, a bandeira de todas as culturas atuais, em todos os continentes. No seguimento dessas culturas, a vontade de buscar uma "libertação" perpassa o movimento teológico das diversas áreas culturais do mundo».

Continua: «Como já observei ao falar da crise da moral, continua ele, a "libertação" é a temática-chave também da sociedade dos ricos, da América do Norte e da Europa Ocidental: libertação da ética religiosa e, com ela, dos próprios limites do homem. Mas procura-se também "libertação" na África e na Ásia, onde o desenganche das tradições ocidentais apresenta-se como um problema de libertação da herança colonial, na busca da própria identidade. Abordaremos especificamente a questão mais adiante. E, por fim, fala-se de "libertação" também na América do Sul, onde ela é compreendida sobretudo em sentido social, econômico, político. Portanto, o problema *soteriológico*, isto é, da salvação, da redenção (da *libertação*, como aliás, se prefere dizer), tornou-se o ponto central do pensamento teológico».

Pergunto-lhe por que esse enfoque, que, aliás, parece correto também à Congregação (as primeiras palavras da Instrução de 6 de agosto são exatamente: «O Evangelho de Jesus Cristo é mensagem de liberdade e força de liberação»)?

«Isso aconteceu e acontece — diz ele — porque a teologia tenta responder dessa forma ao problema mais dramático do mundo de hoje, isto é, o fato de que — apesar de todos os esforços — o homem não está redimido, não é de forma alguma livre; pelo contrário, conhece uma crescente "alienação". E isso transparece em todas as formas da sociedade atual. A experiência fundamental de nossa época é justamente a da alienação, ou seja, o estado que a expressão cristã tradicional chama: *falta de redenção*. É a experiência de uma humanidade que se separou de Deus e, dessa forma, não encontrou a liberdade, mas tão somente a escravidão".

Palavras duras, uma vez mais, observo-lhe eu.

«E, no entanto, trata-se de uma visão realista, que não camufla a situação. Além do mais, é ao realismo que os cristãos são chamados: estar atentos aos sinais do tempo significa também isto, reencontrar a coragem de olhar a realidade na face, naquilo que ela tem de positivo, mas também em seus aspectos negativos. Ora, justamente nesta linha de objetividade, vemos que há um elemento comum nos programas secularistas de libertação: eles pretendem buscá-la apenas na imanência, portanto na história, no aquém. Mas foi exatamente esta visão encerrada na história, sem abertura à transcendência, que conduziu o homem à sua atual situação».

De qualquer forma, digo eu, permanece o fato que esta exigência de libertação é um desafio que deve ser aceito; a teologia, portanto, não faz bem em assumi-lo para dar-lhe uma resposta cristã?

«Certamente, desde que a resposta seja verdadeiramente cristã. A necessidade de salvação, hoje tão sentida, exprime, ainda que obscuramente, a percepção autêntica da dignidade do homem, criado à imagem e semelhança de Deus. Mas o perigo de certas teologias é aceitar o ponto de vista imanente, somente terrestre, que lhes sugerem os programas secularistas de libertação. Estes não veem, e nem podem ver, que a "libertação" é, antes de tudo, de um ponto de vista cristão, libertação daquela escravidão radical que o "mundo" não percebe e até nega: a escravidão radical do pecado».

Um texto de "teólogo privado"

Após esse quadro geral, voltamos ao «fenômeno extraordinariamente complexo» que é a teologia da libertação, que, embora tendendo a se expandir um pouco por toda parte no Terceiro Mundo, tem, entretanto, o «seu centro gravitacional na América Latina».

Voltemos, portanto, ao texto "privado" do Ratzinger teólogo, que precedeu à Instrução do outono de 1984. As páginas seguintes (*em itálico*) reproduzem-no integralmente. Dada a origem e destinação estritamente teológica, a linguagem nem sempre é de fácil divulgação. Cremos, no entanto, que vale a pena um esforço de leitura de uma ou outra passagem por demais complexa para o leitor não-especialista. Para além das avaliações de cada um, repetimos, este texto ajuda a situar o fenômeno "teologia da libertação" no cenário mais amplo da teologia mundial. E esclarece os motivos da intervenção da Congregação em uma estratégia já em andamento e que prevê outras "etapas".

ALGUMAS OBSERVAÇÕES PRELIMINARES

1) A teologia da libertação é um fenômeno extraordinariamente complexo: pode abranger desde as posições mais radicalmente marxistas até aquelas que propõem o lugar apropriado da necessária responsabilidade do cristão para com os pobres e os oprimidos no contexto de uma correta teologia eclesial, como fizeram os documentos do CELAM, de Medellín a Puebla. No presente texto, usa-se o conceito "teologia da libertação" numa acepção mais restrita: uma acepção que compreende apenas aqueles teólogos que de algum modo fazem própria a opção fundamental marxista. Mesmo aqui existem muitas diferenças nos particulares, nos quais é impossível adentrar nesta reflexão geral. Neste contexto posso apenas tentar pôr em evidência algumas linhas fundamentais que, sem desconhecer suas diversas matrizes, são muito difundidas, exercendo uma certa influência mesmo onde não existe uma teologia da libertação em sentido estrito.

2) Com a análise do fenômeno da teologia da libertação torna-se patente um perigo fundamental para a fé da Igreja. Indubitavelmente, é preciso ter presente que um erro não pode existir se não contém um núcleo de verdade. De fato, um erro é tanto mais perigoso, quanto maior é proporção do núcleo de verdade que contém. Além disso, o erro não poderia apropriar-se daquela parte de verdade se tal verdade fosse suficientemente vivida e testemunhada em seu lugar próprio, isto é, na fé da Igreja. Por isso, além de demonstrar o erro e o perigo da teologia da libertação é preciso sempre acrescentar a pergunta: que verdade se esconde sob o erro e como recuperá-la plenamente?

3) A teologia da libertação é um fenômeno universal sob três pontos de vista:

a) Essa teologia não pretende constituir um novo tratado teológico ao lado dos outros já existentes como, por exemplo, elaborar novos aspectos da ética social da Igreja. Ela se concebe, antes, como uma nova hermenêutica da fé cristã, isto é, como uma nova forma de compreensão e de realização do cristianismo em sua totalidade. Por isso mesmo muda todas as formas da vida eclesial: a constituição eclesiástica, a liturgia, a catequese, as opções morais.

b) A teologia da libertação tem, seguramente, o seu centro de gravidade na América Latina, mas não é de modo algum um fenômeno exclusivamente latino-americano. Não se pode concebê-la sem a influência determinante de teólogos europeus e, também, norte-americanos. Mas existe também na Índia, no Sri Lanka, nas Filipinas, em Taiwan e na África, embora nesta última esteja em primeiro plano a busca de uma "teologia africana" A União dos Teólogos do Terceiro Mundo é fortemente marcada pela atenção prestada aos temas da teologia da libertação.

c) A teologia da libertação supera os limites confessionais: ela procura criar, já desde as suas premissas, uma nova universalidade pela qual as separações clássicas entre as igrejas devem perder a sua importância.

I. O conceito de teologia da libertação e os pressupostos da sua gênese

Essas observações preliminares, entretanto, já nos introduziram no núcleo do tema. Deixam aberta, porém, a questão principal: o que é propriamente a teologia da libertação?

Em uma primeira tentativa de resposta, podemos dizer que a teologia da libertação pretende dar uma nova interpretação global do cristianismo; explica o cristianismo como uma práxis de libertação e pretende constituir-se, ela mesma, num guia para tal práxis. Mas, uma vez que, segundo esta teologia, toda realidade é política, também a libertação é um conceito político e a guia rumo à libertação deve ser uma guia para a ação política.

«Nada fica fora do empenho político. Tudo existe com uma coloração política», escreve textualmente um de seus principais expoentes sul-americanos. Uma teologia que não seja "prática", o que quer dizer essencialmente política, é considerada "idealista" e condenada como irreal ou como meio de conservação dos opressores no poder.

Para um teólogo que tenha aprendido a sua teologia na tradição clássica e que tenha aceitado a sua vocação espiritual, é difícil imaginar que se possa esvaziar seriamente a realidade global do cristianismo em um esquema de práxis sociopolítica de libertação. Isto, entretanto, é possível, porque os teólogos da libertação continuam a usar grande parte da linguagem ascética e dogmática da Igreja, em chave nova, de tal modo que quem lê ou quem escuta partindo de um outro fundamento pode ter a impressão de reencontrar o patrimônio antigo apenas com o acréscimo de alguma afirmação um pouco "estranha" mas que, unida a tanta religiosidade, não poderia ser assim tão perigosa.

Precisamente a radicalidade da teologia da libertação faz

com que a sua gravidade não seja avaliada de modo suficiente, porque não entra em nenhum esquema de heresia até hoje existente; a má impostação de partida situa-se fora dos tradicionais esquemas de discussão. Por esse motivo tentarei abordar a orientação fundamental da teologia da libertação em duas etapas: primeiramente, é necessário dizer algo sobre os pressupostos que a tornaram possível; a seguir gostaria de aprofundar alguns dos conceitos basilares que permitem conhecer algo da estrutura da teologia da libertação.

Como se chegou a essa orientação totalmente nova do pensamento teológico que se exprime na teologia da libertação? Vejo principalmente três fatores que a tornaram possível.

1) Após a Concílio produziu-se uma situação teológica nova:

a) Surgiu a opinião de que a tradição teológica existente até então não era mais aceitável e que, por conseguinte, se devia procurar, a partir da Escritura e dos sinais dos tempos, orientações teológicas e espirituais totalmente novas.

b) A ideia de abertura ao mundo e de compromisso com ele transformou-se em uma fé ingênua nas ciências; uma fé que acolheu as ciências humanas como um novo evangelho, sem querer reconhecer os seus limites e problemas próprios. A psicologia, a sociologia e a interpretação marxista da história foram consideradas como cientificamente seguras e, portanto, como instâncias não mais contestáveis do pensamento cristão.

c) A crítica da tradição por parte da exegese evangélica moderna, especialmente a de Rudolf Bultmann e de sua escola, tornou-se instância teológica inamovível, que obstruiu a estrada às formas até então válidas da teologia, encorajando assim também novas construções.

2) A situação teológica assim modificada coincide com uma modificação também na história espiritual. Ao final da fase de

reconstrução após a II Guerra Mundial, fase que coincide aproximadamente com o término do Concílio, produziu-se no mundo ocidental uma terrível falta de significado à qual a filosofia existencialista, ainda em voga, não estava em condições de dar alguma resposta. Nesta situação, as diferentes formas do neomarxismo transformaram-se em um impulso moral e, ao mesmo tempo, em uma promessa de significado que se mostrava quase irresistível para a juventude universitária. O marxismo, com os acentos religiosos de Bloch e as filosofias providas de "rigor científico" de Adorno, Horkheimer, Habermas e Marcuse, ofereceram modelos de ação com os quais se acreditou poder responder ao desafio da miséria no mundo e, ao mesmo tempo, atualizar o sentido correto da mensagem bíblica.

3) O desafio moral da pobreza e de opressão não podia mais ser ignorado no momento em que a Europa e a América do Norte atingiam uma opulência até então desconhecida. Esse desafio exigia evidentemente novas respostas, que não podiam ser encontradas na tradição existente até aquele momento. A situação teológica e filosófica transformada convidava expressamente a buscar a resposta em um cristianismo que se deixasse guiar pelos modelos de esperança das filosofias marxistas, na aparência fundadas "cientificamente".

II. A estrutura fundamental da teologia da libertação

Esta resposta se apresenta totalmente diversa nas formas particulares de teologia da libertação, teologia da revolução, teologia política etc. Não pode, pois, ser apresentada globalmente. Existem, no entanto, alguns conceitos fundamentais que se repetem continuamente nas diferentes variantes e exprimem intenções fundamentais comuns.

Antes de passar aos conceitos básicos do conteúdo, é necessário fazer uma observação acerca dos elementos estruturais que sustentam a teologia da libertação. Para tal fim, podemos retomar o que já afirmamos acerca da modificação da situação teológica após o Concílio.

Como já disse, leu-se a exegese de Bultmann e da sua escola como um enunciado da "ciência" sobre Jesus, ciência que obrigatoriamente devia ser considerada como válida. Porém, há um abismo entre o "Jesus histórico" de Bultmann e o Cristo da fé (o próprio Bultmann fala de Graben, fosso). Segundo Bultmann, Jesus pertence somente aos pressupostos do Novo Testamento, permanecendo, porém, encerrado no mundo do judaísmo.

O resultado final dessa exegese foi o questionamento da credibilidade histórica dos evangelhos: o Cristo da tradição eclesial e o Jesus histórico, apresentado pela ciência, pertencem evidentemente a dois mundos diferentes. A figura de Jesus foi erradicada da sua colocação na tradição por meio da "ciência", considerada como instância suprema; desta maneira, a tradição, por um lado pairava como algo irreal no vazio, por outro, se devia procurar uma nova interpretação e um novo significado para a figura de Jesus.

A importância de Bultmann, portanto, não está tanto em suas afirmações positivas, e sim no resultado negativo da sua crítica: o núcleo da fé, a cristologia, permaneceu aberto a novas interpretações, porque tinham desaparecido, como historicamente insustentáveis, aquelas que até então eram os seus enunciados originais. Ao mesmo tempo renegava-se o Magistério da Igreja enquanto ligado a uma teoria cientificamente insustentável e, portanto, sem valor como instância cognoscitiva sobre Jesus. Os seus enunciados podiam ser considerados somente como "definições frustradas de uma posição cientificamente superada".

UMA CERTA "LIBERTAÇÃO"
J. RATZINGER — V. MESSORI

Além disso, Bultmann foi importante para o desenvolvimento posterior de uma segunda palavra-chave. Ele trouxe à moda o antigo conceito de hermenêutica, *conferindo-lhe uma dinâmica nova. Na palavra "hermenêutica" se expressa a ideia de que, para uma compreensão real dos textos históricos, não basta uma mera interpretação histórica; mas toda interpretação histórica inclui certas decisões preliminares. A hermenêutica tem a função de "atualizar" a Escritura em conexão com os dados que a história, sempre mutável, nos apresenta: uma "fusão dos horizontes" entre "o então" e "o hoje". Por conseguinte, ela suscita a pergunta: que significa "o então", o dia de hoje? O próprio Bultmann respondeu a esta pergunta servindo-se da filosofia de Heidegger e interpretou a Bíblia, desse modo, em sentido existencialista. Tal resposta, hoje, não traz mais interesse algum; nesse sentido, Bultmann foi superado pela exegese atual. Mas permaneceu a separação entre a figura de Jesus da tradição clássica e a ideia de que se possa e se deva transferir essa figura ao presente através de uma nova hermenêutica.*

Neste ponto surge o segundo elemento, já mencionado, da nossa situação: o novo clima filosófico dos anos 60. A análise marxista da história e da sociedade foi considerada como a única com caráter "científico". Isso significa que o mundo é interpretado à luz do esquema de luta de classes e que a única escolha possível é entre capitalismo e marxismo. Significa, além disso, que toda realidade é política e deve ser justificada politicamente. O conceito bíblico de "pobre" oferece o ponto de partida para a confusão entre a imagem bíblica da história e a dialética marxista; esse conceito é interpretado segundo a ideia do proletariado no sentido marxista, e ao mesmo tempo justifica o marxismo como hermenêutica legítima para compreensão da Bíblia.

Ora, segundo essa compreensão, só existem e podem existir duas opções; portanto, contradizer essa interpretação da Bíblia não é senão expressão do esforço da classe dominante para conservar o próprio poder. Um teólogo da libertação afirma: «A luta de classes é um dado da realidade e a neutralidade nesse ponto é absolutamente impossível».

Deste ponto torna-se impossível também a intervenção do Magistério eclesiástico: se este se opusesse a tal interpretação do cristianismo, estaria demonstrando apenas estar ao lado dos ricos e dos dominadores e contra os pobres e os sofredores, isto é, contra o próprio Jesus, e, na dialética da história, aliar-se-ia à parte negativa.

Esta decisão, aparentemente "científica" e "hermeneuticamente" inelutável, determina por si a estrada da interpretação ulterior do cristianismo, seja no que diz respeito às instâncias interpretativas bem como aos conteúdos interpretados.

Quanto às instâncias interpretativas, os conceitos decisivos são: povo, comunidade, experiência, história. *Se até então a Igreja — isto é, a Igreja Católica na sua totalidade, que, transcendendo tempo e espaço, abrange os leigos* (sensus fidei) *e a hierarquia* (magistério) *— tinha sido a instância hermenêutica fundamental, hoje assumiu tal papel a "comunidade". A vivência e as experiências da comunidade determinam agora a compreensão e a interpretação da Escritura.*

Novamente pode-se dizer, aparentemente de um modo rigorosamente "científico", que a figura de Jesus, apresentada nos evangelhos, constitui uma síntese de acontecimentos e de interpretações da experiência de comunidades particulares, onde, no entanto a interpretação é muito mais importante do que o acontecimento que, em si, não é mais determinável. Esta síntese primitiva de acontecimento e interpretação pode ser dissolvida e reconstruída sempre de novo: a comunidade "interpreta" com a sua "experiência" os acontecimentos e, desse modo, encontra a sua "práxis".

UMA CERTA "LIBERTAÇÃO"
J. RATZINGER — V. MESSORI

Esta mesma ideia podemos encontrar um tanto modificada no conceito de "povo", com o qual se transformou em um mito marxista a realidade do "povo de Deus" acentuada no Concílio. As experiências do "povo" explicam a Escritura. "Povo" torna-se dessa forma, um conceito oposto ao de "hierarquia" e em antítese a todas as instituições indicadas como forças de apressão. Finalmente, é o "povo" quem participa da "luta de classe"; a «Igreja popular» se contrapõe à Igreja hierárquica.

Por último, o conceito de "história" se torna a instância hermenêutica decisiva. A opinião, considerada cientificamente segura e irrefutável, de que a Bíblia raciocina exclusivamente em termos históricos de salvação (e, portanto, de maneira antimetafísica) permite a fusão do horizonte bíblico com a ideia marxista da história, que procede dialeticamente como autêntica portadora de salvação; a história é autêntica revelação e, portanto, a verdadeira instância hermenêutica da interpretação bíblica. Tal dialética é apoiada, algumas vezes, pela pneumatologia, isto é, pela concepção da ação do Espírito Santo.

Em todo caso, também esta última vê uma instância inimiga do progresso no Magistério, que insiste sobre verdades permanentes, dado que pensa "metafisicamente" e assim contradiz a "história". Pode-se dizer que o conceito de história absorve o conceito de Deus e de revelação. A "historicidade" da Bíblia deve justificar o seu papel absolutamente predominante e, portanto, deve legitimar, ao mesmo tempo, a passagem para a filosofia materialista-marxista, na qual a história assumiu a função de Deus.

III. Conceitos fundamentais da teologia da libertação

Com isso, chegamos aos conceitos fundamentais do conteúdo da nova interpretação do cristianismo. Uma vez que os contextos mos quais aparecem os diversos conceitos são diferentes, gostaria, sem prejuízo da sistematicidade, de citar alguns deles.

Comecemos pela nova interpretação de fé, esperança e caridade.

Com relação à fé, por exemplo, um teólogo sul-americano afirma: «A experiência que Jesus tem de Deus é radicalmente histórica. Sua fé converte-se em fidelidade». Dessa forma, substitui-se fundamentalmente a fé pela «fidelidade à história» Aqui se produz aquela fusão entre Deus e a história que possibilita conservar para Jesus a fórmula de Calcedônia, ainda que com um sentido completamente mudado: pode-se ver como os critérios clássicos da ortodoxia não são aplicáveis à análise dessa teologia. Afirma-se que «Jesus é Deus», porém acrescenta-se imediatamente que «o Deus verdadeiro é somente Aquele que se revela histórica e escandalosamente em Jesus e nos pobres que continuam a sua presença. Somente quem mantém unidas essas duas afirmações é ortodoxo...».

A esperança *é interpretada como "confiança no futuro" e como trabalho para o futuro; com isso ela é subordinada novamente ao predomínio da história das classes.*

A caridade *consiste na "opção pelos pobres", isto é, coincide com a opção pela luta de classes.* Os teólogos da libertação sublinham fortemente, diante do «falso universalismo», a parcialidade e o caráter partidário da opção cristã; tomar partido é, segundo eles, requisito fundamental de uma correta hermenêutica dos testemunhos bíblicos. Na minha opinião, aqui se pode

UMA CERTA "LIBERTAÇÃO"
J. RATZINGER — V. MESSORI

reconhecer muito claramente a mistura entre uma verdade fundamental do cristianismo e uma opção fundamental não-cristã, que torna o conjunto tão sedutor: o Sermão da Montanha seria, na verdade, a opção feita por Deus a favor dos pobres.

O conceito fundamental da pregação de Jesus é, realmente, o «reino de Deus». Esse mesmo conceito encontra-se também no núcleo das teologias da libertação, lido, porém, à luz da hermenêutica marxista. Segundo um desses teólogos, o "reino" não deve ser compreendido espiritual ou universalmente, no sentido de uma escatologia abstrata. Deve ser compreendido em forma partidária e voltado para a práxis. Somente a partir da práxis de Jesus, e não teoricamente, é possível definir o que seja o "reino": trabalhar sobre a realidade histórica que nos circunda para transformá-la no "reino de Deus".

Aqui deve-se mencionar também uma ideia fundamental de certa teologia pós-conciliar que se impulsionou nessa direção. Foi defendido que, segundo o Concílio, se deveria superar todas as formas de dualismo: o dualismo de corpo e alma, de natural e sobrenatural, de imanência e transcendência, de presente e futuro. Após o desmantelamento desses presumidos "dualismos", resta apenas a possibilidade de trabalhar por um reino que se realize nesta história e na sua realidade político-econômica.

Mas, justamente dessa forma, deixou-se de trabalhar pelo homem de hoje e se começou a destruir o presente em favor de um futuro hipotético: assim, produzia-se imediatamente o verdadeiro dualismo.

Neste contexto, gostaria de mencionar também a interpretação totalmente aberrante da morte e da ressurreição dada por um dos líderes da teologia da libertação. Contra concepções "universalistas", ele estabelece que a ressurreição é, em primeiro lugar, uma esperança para aqueles que são crucificados e que constituem a maioria dos homens: todos aqueles milhões para os quais a injustiça estrutural se impõe como uma lenta crucificação. O crente, no entanto, participa também do senhorio de Jesus sobre a história através da edificação do reino, isto é, na luta pela justiça e pela libertação integral, na transformação das estruturas injustas em estruturas mais humanas. Este senhorio sobre a história, repetindo na história o gesto de Deus que ressuscita Jesus, isto é, dando novamente vida aos crucificados da história.

O homem assumiu assim o poder de Deus e aqui a transformação total da mensagem bíblica se manifesta de modo quase trágico, se pensa em como se desenvolveu e se desenvolve ainda essa tentativa de imitação de Deus.

Gostaria de citar apenas uma outra interpretação "nova" dos conceitos bíblicos: o êxodo se transforma em uma imagem central da "história da salvação": o mistério pascal é entendido como um símbolo revolucionário e, portanto, a eucaristia é interpretada como uma festa de libertação no sentido de uma esperança político-messiânica e da sua práxis. A palavra redenção é geralmente substituída por libertação que, por sua vez, é compreendida, no contexto da história e da luta de classes, como processo de libertação em marcha. Por fim, é fundamental também a acentuação que é colocada sobre a práxis: a verdade não deve ser entendida em um sentido metafísico, tratar-se-ia de "idealismo". A verdade se realiza na história e na práxis. A ação é a verdade. Por conseguinte, também as ideias que levam à ação são, em última instância, intercambiáveis. A única coisa decisiva é a práxis. A ortopráxis torna-se, assim, a única, a verdadeira ortodoxia.

Dessa forma, justifica-se um enorme afastamento dos textos bíblicos: a crítica histórica liberta da interpretação tradicional, que é vista como "não-científica". Com relação à tradição, atribui-se importância ao "máximo rigor científico", na linha de

UMA CERTA "LIBERTAÇÃO"
J. RATZINGER — V. MESSORI

Bultmann. Mas os conteúdos da Bíblia, determinados historicamente, não podem, por sua vez, ser vinculantes de um modo absoluto. O instrumento para a interpretação não é, em última análise, a pesquisa histórica, mas uma hermenêutica da história, experimentada na comunidade, isto é, nos grupos políticos.

Se quisermos fazer um julgamento global, devemos dizer que quando alguém procura compreender as opções fundamentais da teologia da libertação, não pode negar que o conjunto contenha uma lógica quase inatacável. Com as premissas da crítica bíblica e da hermenêutica fundada na experiência de um lado, e de outro, da análise marxista da história, conseguiu-se criar uma visão de conjunto do cristianismo que parece responder plenamente tanto à exigências da ciência como aos desafios morais dos nossos tempos. Portanto, impõe-se aos homens, de modo imediato, a tarefa de fazer do cristianismo um instrumento da transformação concreta do mundo, o que pareceria uni-lo a todas as forças progressistas da nossa época. Pode-se, pois, compreender como esta nova interpretação do cristianismo atrai sempre mais teólogos, sacerdotes e religiosos, especialmente no contexto dos problemas do Terceiro Mundo. Subtrair-se a ela deve necessariamente parecer, aos olhos deles, como uma evasão da realidade, como uma renúncia à razão e à moral. Porém, de outra parte, quando se pensa no quanto é radical a interpretação do cristianismo que dela deriva, torna-se ainda mais urgente o problema do que se possa e se dera fazer frente a ela. Superaremos essa crise somente se conseguirmos tornar visível a lógica da fé de um modo igualmente abrangente e apresentá-la na experiência vivida como lógica da realidade, isto é, como força real de uma resposta melhor. Exatamente porque as coisas estão assim (isto é, exatamente porque pensamento e experiência, reflexão e ação, são solicitados em igual medida), toda a Igreja é aqui interpelada. Não basta apenas a teologia, não basta o magistério: uma

UMA CERTA "LIBERTAÇÃO"
J. RATZINGER — V. MESSORI

vez que o fenômeno "teologia da libertação" indica uma carência de conversão na Igreja, uma carência nela, de radicalidade da fé, somente um acréscimo de conversão e fé tornarão possíveis e despertarão intuições teológicas e as decisões dos pastores que correspondam à gravidade do problema.

Entre marxismo e capitalismo

Isso que transcrevemos é, pois, o conjunto das reflexões e constatações que constituem, segundo o teólogo Joseph Ratzinger, o cenário no qual deve ser vista a já célebre «Instrução sobre alguns aspectos da Teologia da Libertação».

Acrescentamos que, durante a nossa conversa, por diversas vezes o Cardeal abordou um aspecto esquecido em muitos comentários: «A teologia da libertação, nas suas formas que se inspiram no marxismo, não é, de forma alguma, um produto autóctone, natural da América Latina ou de outras regiões subdesenvolvidas, onde teria nascido e crescido como que espontaneamente, por obra do povo. Na realidade, pelo menos em suas origens, trata-se da criação de intelectuais, e de intelectuais nascidos ou formados no Ocidente opulento: europeus são os teólogos que a iniciaram, europeus ou educados em universidades europeias são os teólogos que a fazem crescer na América do Sul. Por trás do espanhol e do português dessa pregação, pode-se perceber, na realidade, o alemão, o francês o anglo-americano».

Portanto, também a teologia da libertação, para ele, faria parte «da exportação para o Terceiro Mundo de mitos e utopias elaboradas no Ocidente desenvolvido.

UMA CERTA "LIBERTAÇÃO"
J. RATZINGER — V. MESSORI

Como que uma tentativa de experimentar concretamente ideologias pensadas em laboratório por teóricos europeus. Sob alguns aspectos, portanto, é ainda uma forma de imperialismo cultural, embora apresentado como criação espontânea das massas deserdadas. Além do mais, deve-se ainda verificar que influência sobre o "povo" tenham verdadeiramente os teólogos que dizem representá-lo, que dizem dar-lhe voz».

Continuando na mesma linha, observa ele: «No Ocidente, o mito marxista perdeu seu fascínio entre os jovens e mesmo entre os trabalhadores: tenta-se então exportá-lo para o Terceiro Mundo, através de intelectuais que, porém, vivem fora dos países dominados pelo "socialismo real": Com efeito, somente onde o marxismo-leninismo não está no poder existe quem ainda leve a sério as suas ilusórias verdades científicas"».

Assinala ainda que, «paradoxalmente — mas não tanto — a fé parece estar mais protegida no Leste, onde é oficialmente perseguida. No plano doutrinal, quase não temos problemas com o catolicismo naquelas regiões. O fato é que nelas não existe o perigo de os cristãos converterem-se às posições de uma ideologia imposta pela força: as pessoas sofrem na pele, diariamente, a tragédia de uma sociedade que tentou uma libertação, sim, mas de Deus. Pelo contrário, em alguns países do Leste parece vir à tona a ideia de uma teologia da libertação, mas como libertação do marxismo. O que não significa, por certo, que vejam com simpatia as ideologias e costumes que prevalecem no Ocidente».

Recorda-me que «o Cardeal-Primaz da Polônia, Stefan Wyszynski, alertava contra o hedonismo e permissivismo ocidentais não menos do que contra a opressão marxista. Alfred Bengsch, Cardeal de Berlim, dizia-me um dia que via um perigo mais grave para a fé no consumismo ocidental e em uma teologia contaminada por esta atitude do que no comunismo marxista».

Ratzinger não teme reconhecer «a marca do satânico no modo com que se explora, no Ocidente, o mercado da pornografia e da droga». «Sim — diz ele — há algo de diabólico na frieza perversa com que, em nome do dinheiro, se corrompe o homem aproveitando-se da sua fraqueza, da sua possibilidade de ser tentado e vencido. É infernal a cultura do Ocidente quando persuade as pessoas de que o único objetivo da vida são o prazer e o interesse privado».

E, no entanto, se se lhe pergunta sobre qual — em nível de elaboração teórica — dos muitos ateísmos de nosso tempo lhe parece ser o mais insidioso é, ainda, o marxismo que retorna: «Parece-me que o marxismo, na sua filosofia e nas suas intenções morais, seja uma tentação mais profunda do que certos ateísmos práticos e, portanto, intelectualmente superficiais. É que, na ideologia marxista, aproveita-se também da tradição judaico-cristã, transformada porém em um profetismo sem Deus; instrumentalizam-se, para fins políticos, as energias religiosas do homem, orientando-as para uma esperança apenas terrena, esperança que é o inverso da tensão cristã rumo à vida eterna. É esta perversão da tradição bíblica que leva ao erro muitos crentes, convencidos, em boa fé, de que a causa de Cristo seja a mesma da que é proposta pelos anunciadores da revolução política».

UMA CERTA "LIBERTAÇÃO"
J. RATZINGER — V. MESSORI

O diálogo impossível

E aqui — com ar que me pareceu mais sofrido do que "inquisitorial" — recordou-me ele novamente o «drama do Magistério», que os acontecimentos subsequentes à publicação da Instrução sobre a teologia da libertação só fizeram confirmar: «Há essa dolorosa impossibilidade de dialogar com os teólogos que aceitam esse mito ilusório, que bloqueia as reformas e agrava a miséria e as injustiças e que é a luta de classes como instrumento para criar uma sociedade sem classes». Continua: «Se, com Bíblia e Tradição nas mãos, fraternalmente, se procura denunciar os desvios, imediatamente se é etiquetado de "servos", "lacaios" das classes dominantes que querem conservar o poder apoiando-se também na Igreja. Por outro lado, as mais recentes experiências mostram que representantes significativos da teologia da libertação são felizmente diferentes (pela sua disponibilidade para a comunidade eclesial e para o serviço real dos homens) da intransigência de uma parte dos *mass media* e de numerosos grupos de seus defensores, predominantemente europeus. Por parte destes últimos, todas as nossas intervenções, mesmo as mais refletidas e respeitosas, são recusadas a *priori*, porque se alinhariam da parte dos "patrões". Enquanto a causa dos humildes é traída exatamente por essas ideologias, que se mostraram fonte de sofrimento para o próprio povo».

Falou-me, a seguir, da desolação que lhe provoca a leitura de muitos dos teólogos da libertação: «É uma cantilena repetida sem trégua: "É preciso libertar o homem das cadeias da opressão político-econômica; para libertá-lo não bastam as reformas, pelo contrário, elas desviam-no; o que é preciso é a revolução, mas o único modo de fazê-la é proclamar a luta de classes". E, no entanto, os que repetem continuamente tudo isso parecem não se questionar, concreta e praticamente, sobre como organizar uma sociedade após a revolução. Limitam-se a afirmar que é preciso fazê-la».

Diz ainda: «O que é teologicamente inaceitável e socialmente perigoso é esta mistura de Bíblia, cristologia, política, sociologia e economia. Não se pode abusar da Escritura e da teologia para absolutizar e sacralizar uma teoria sobre a ordem sociopolítica. Esta, por sua própria natureza, é necessariamente relativa. Se, ao invés, a revolução for sacralizada — misturando Deus, Cristo e ideologias — cria-se um fanatismo entusiástico que pode levar à injustiças e opressões ainda piores, invertendo nos fatos o que, na teoria, se propunha».

Continua: «Causa profunda dor constatar — em sacerdotes, em teólogos! — esta ilusão, tão pouco cristã, de poder criar um homem e um mundo novos não através do apelo à conversão, mas unicamente agindo sobre as estruturas sociais e econômicas. É o pecado pessoal que, na verdade, se encontra também na base das estruturas sociais injustas. É na raiz, e não no tronco ou nos ramos da árvore da injustiça, que se deve trabalhar, caso se deseje realmente uma sociedade mais humana. São verdades cristãs fundamentais, mas que, no entanto, vêm sendo rejeitadas, com desprezo, como "alienantes", "espiritualistas"».

Capítulo
XIII

PARA ANUNCIAR NOVAMENTE O CRISTO

Em defesa da missão

A teologia da libertação do tipo sul-americano" estende-se também por uma parte da Ásia e da África. Mas nestas últimas, e Ratzinger já o tinha observado, "libertação" é entendida sobretudo como abandono da herança colonial europeia. «Busca-se apaixonadamente — diz ele — uma correta inculturação do cristianismo. Estamos, pois, diante de um aspecto novo do antigo problema da relação entre fé e história, entre fé e cultura».

Para delimitar bem os termos da questão, ele observa: «E por demais sabido que a fé católica, tal como a conhecemos hoje, desenvolveu-se primeiramente sobre uma raiz hebraica e, a seguir no ambiente cultural greco-latino, ao qual, a partir do século VIII, acrescentou-se, de forma nada secundária, também o elemento irlandês e germânico. A África (cuja evangelização em profundidade teve início apenas nos últimos dois séculos) recebeu, desta forma, um cristianismo que em 1800 anos se desenvolvera em ambientes culturais diferentes dos seus. Tal cristianismo foi transportado para lá até mesmo nas suas mínimas formas de expressão. Além disso, a fé chegou em um contexto de história colonial que hoje é vista sobretudo como uma história de alienação, de opressão».

Mas não é, porventura, verdade?, digo.

«Não exatamente, no que diz respeito à atividade missionária da Igreja. Muitos (sobretudo na Europa e na América, mais do que na África) emitiram e emitem julgamentos injustos, historicamente incorretos, acerca do relacionamento entre atividade missionária e colonialismo. Os excessos deste último foram mitigados exatamente por causa da ação intrépida de tantos apóstolos da fé que, frequentemente, souberam criar oásis de humanidade em regiões devastadas por antigas misérias e por novas opressões. Não nos é lícito simplesmente esquecer ou até mesmo condenar o sacrifício luminoso de uma multidão de missionários que se tornaram verdadeiros pais para os pobres que lhes foram confiados. Eu mesmo sempre encontro muitos africanos, jovens e velhos, que me falam com emoção daqueles Padres de sua gente, que foram humaníssimas e, ao mesmo tempo, heroicas figuras de missionários. A sua lembrança ainda não se apagou entre os que eles evangelizaram e a quem procuraram ajudar de todos os modos, às vezes mesmo com o sacrifício da própria vida. É também a tais sacrifícios — grande parte dos quais só Deus conhece — que se deve o fato de ser ainda possível uma certa amizade entre a África e a Europa».

Permanece, porém, o fato de que foi o cristianismo ocidental a ser exportado para aquelas plagas.

«Hoje estamos bem conscientes do problema. Mas, naquela época, que podiam fazer os missionários a não ser começar por um catecismo, o único que conheciam? Não se esqueça, além do mais, que todos recebemos a fé "do exterior": ela nos vem de sua pátria semita, de Israel, através da mediação do helenismo. Sabiam-no muito bem os nazistas, que, na Europa, procuraram extirpar o cristianismo exatamente por seu caráter de "estrangeiro"».

Um evangelho para a África

Também ele considera «bastante válidas as perguntas de muitos, no Terceiro Mundo, sobretudo na África: "como pode o cristianismo tornar-se uma nossa expressão própria? Como pode assumir plenamente a nossa identidade? Em que medida sua expressão cultural precedente é obrigatória? O nosso Antigo Testamento, mais do que a história do povo hebraico, não é talvez a história dolorosa da nossa gente e das suas formas religiosas tradicionais?"».

Como julga, pois, o Cardeal as respostas que os africanos começam a dar a essas interrogações?

Diz ele: «Os problemas são apresentados claramente, mas é preciso dizer que a almejada *théologie africaine* ou *african theology* é, por enquanto, mais um desejo do que uma realidade. Um olhar atento percebe que muitíssimo daquilo que é apresentado como "africano", na realidade é uma importação europeia e tem muito menos relação com as autênticas tradições africanas do que a própria tradição cristã clássica. A qual, de fato, encontra-se muito mais próxima das noções fundamentais da humanidade e do patrimônio básico da cultura religiosa humana em geral do que as construções tardias do pensamento europeu, frequentemente separadas das raízes espirituais da humanidade».

É uma defesa, se entendi bem, do valor "universal" da reflexão cristã, tal como foi realizada no Ocidente.

«É preciso reconhecer — precisa ele — que nenhum itinerário pode retroceder a uma situação cultural anterior aos resultados do pensamento europeu, difundido há tempos no mundo inteiro. De outra parte, é preciso reconhecer também que não existe a tradição africana "pura" enquanto tal: ela é muito estratificada e, portanto — de acordo com os vários estratos e também das diversas proveniências — às vezes contraditória».

Ora, continua ele, «o problema sobre o que é autenticamente africano (e, por conseguinte, deve ser defendido contra o falso pretexto de universalidade daquilo que é tão somente europeu) e o problema, vice-versa, sobre o que é realmente universal, embora proveniente da Europa; pois bem, estes problemas não são entregues apenas ao raciocínio dos homens, mas — como sempre — também ao critério da fé da Igreja, que julga todas as tradições, todos os patrimônios socioculturais, os nossos mas também os dos outros. Além disso, é preciso precaver-se de escolhas e decisões apressadas: o problema não é apenas teórico, para resolvê-lo é preciso também a vida, o sofrimento, o amor de toda a comunidade crente. Tendo sempre presente o grande princípio católico hoje esquecido: não os teólogos individualmente, mas a Igreja inteira é o sujeito da teologia».

Sabe-se de algumas inquietações da Congregação de Ratzinger quanto à criação de uma "União Ecumênica" de teólogos africanos, que congregue estudiosos autóctones de todas as confissões.

«A União dos teólogos a que você se refere — diz ele — suscita realmente algumas questões: há o risco (hoje aliás identificável também em outras iniciativas em diversas partes do mundo) de que, na busca de uma dimensão "ecumênica", seja esquecido o valor da grande unidade católica em favor de circunscritas comunidades culturais nacionais. Em semelhante União, não se pode excluir a possibilidade de que a participação do que pareça "africano" obscureça a comunhão do que é católico. Tudo isso, malgrado a África — repito — seja um continente de tal complexidade que não pode ser abrangido por um esquema geral».

De várias partes, e há tempos, também por parte de alguns bispos católicos, levanta-se a hipótese de se convocar um grande Concílio africano.

«Sim, mas essa ideia não tem ainda uma fisionomia precisa. Ela foi difundida inicialmente pela União dos teólogos de que falávamos e, nesse meio tempo, obteve adesões (ainda que com retoques e reservas) também por parte de alguns bispos. A América Latina, com as reuniões de Medellín e de Puebla, mostrou concretamente que o trabalho dos bispos de um continente pode trazer uma contribuição substancial para o esclarecimento de problemas fundamentais e para uma correta aplicação da atividade pastoral. Portanto, parece certamente possível — a partir das experiências já realizadas em outras regiões — elaborar para a ideia do Concílio (ou, mais exatamente, do *Sínodo*) africano uma figura jurídica e teológica que possa-lhe dar pleno sentido».

Quais os problemas que, no tocante à vasta e vivaz região africana, se encontram sobretudo no centro da atenção?

«A maior mobilização encontra-se no campo da teologia moral, da liturgia e da teologia dos sacramentos. São discutidas as maneiras de se passar da poligamia tradicional à monogamia cristã. Além disso, os problemas da forma de celebração do matrimônio e a introdução das tradições africanas na liturgia e na piedade popular».

Comecemos com a poligamia. Qual é o problema a respeito?

«É evidente que a conversão de polígamos ao cristianismo traz consigo problemas difíceis, do ponto de vista tanto jurídico como humano. A propósito, é importante não confundir a poligamia com a liberdade sexual, tal como esta é compreendida hoje no mundo ocidental A poligamia é uma instituição regulamentada em nível jurídico e social, em que se estabelecem modalidades precisas de relacionamento entre homem, mulher e crianças. Para a fé cristã, no entanto, trata-se de um modelo eticamente insuficiente, que não leva em conta de maneira plena a verdade do relacionamento homem-mulher. Recentemente, no entanto, foi desenvolvida (sobretudo por parte de teólogos europeus!) a tese segundo a qual também a poligamia poderia constituir um modelo cristão de matrimônio e de família. Contrariamente a isso, os bispos africanos e a maioria dos teólogos veem muito bem que esta não seria uma positiva "africanização" do cristianismo, mas antes o imobilizar-se em uma fase de desenvolvimento social já superada pelo Evangelho».

E quanto aos outros problemas?

«Se, no caso da poligamia, se trata de uma discussão com grupos marginais, ainda que agressivos, é muito mais sério, ao invés, o problema do nexo entre a forma sacramental do matrimônio cristão e a estipulação do matrimônio segundo os costumes tribais. Discutiu-se amplamente sobre isso também no Sínodo dos bispos de 1980, e deve continuar a busca de uma solução adequada para o problema. Também vem assumindo maior relevo o debate sobre a introdução, na estrutura cristã da fé, do culto aos antepassados em algumas de suas formas. A veneração dos santos e a oração pelas almas do purgatório criam, a este propósito, pontos de contato que permitem um diálogo frutuoso. Discute-se, ainda, sobre em que medida e de que modo elementos da tradição local podem entrar nos outros sacramentos, além do matrimônio».

"Um só é o Salvador"

Falamos dos missionários de ontem e do catolicismo já implantado, embora com todos os seus problemas. Nestes anos de pós-concílio, no entanto, parece que o debate tenha investido contra as próprias razões do atual esforço da Igreja para com os não-cristãos. Não é mistério que a crise de identidade e, talvez, um declínio das motivações grassaram com particular crueza entre os missionários.

A sua resposta não é isenta de preocupações: «É doutrina antiga e tradicional da Igreja que todo homem é chamado à salvação e pode, de fato, salvar-se obedecendo com sinceridade aos ditames da própria consciência, mesmo que não seja membro visível da Igreja Católica. Essa doutrina que (repito) já era pacificamente aceita, foi, porém, excessivamente enfatizada a partir dos anos do Concílio apoiando-se em teorias como aquela do "cristianismo anônimo". Chegou-se, dessa forma, a defender que existe sempre a graça se alguém — sem fé em religião alguma ou simplesmente não-crente — se limita a se aceitar a si mesmo como homem. Segundo tais teorias, o cristão teria somente a consciência dessa graça, que, entretanto, estaria em todos, batizados ou não. Diminuída a essencialidade do batismo, deu-se, a seguir, uma ênfase excessiva aos valores das religiões não-cristãs, que alguns teólogos apresentam, não como vias *extraordinárias* de salvação, mas até mesmo como vias *ordinárias*».

Isto que consequências provocou?

«Semelhantes hipóteses evidentemente diminuíram em muitos a tensão missionária. Houve quem começou a se questionar: "Por que perturbar os não-cristãos, induzindo-os ao batismo e à fé em Cristo, uma vez que a sua religião é o *seu* caminho de salvação em sua cultura, naquela parte do mundo que é deles? Desse modo esqueceu-se, entre outras coisas, o liame que o Novo Testamento estabelece entre *salvação* e *verdade*, cujo conhecimento (afirma-o) Jesus explicitamente) liberta e, por conseguinte, salva. Ou, como diz São Paulo: "Deus, nosso Salvador, quer que todos os homens se salvem e cheguem ao conhecimento da verdade". Esta verdade, continua o Apóstolo, consiste em saber que "um só é o mediador entre Deus e os homens, o homem Cristo Jesus, que se deu em resgate de todos" (1Tm 2, 4-7). É o que devemos continuar a anunciar ao mundo de hoje — com humildade mas também com força — seguindo o exemplo defensor das gerações que nos precederam na fé».

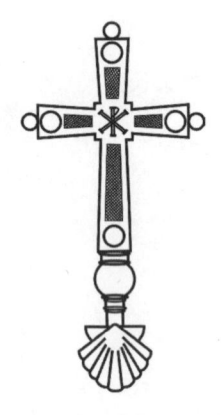

ESCOLA RATZINGER
Dezembro de 2021